Adrian von Buttlar

NEUES
MUSEUM
BERLINO

Guida all'architettura

T0324363

Adrian von Buttlar

NEUES MUSEUM BERLINO

Guida all'architettura

S M
B Staatliche Museen
zu Berlin

DEUTSCHER KUNSTVERLAG

7   INTRODUZIONE

9   STORIA E SIGNIFICATO

9   L'ISOLA DEI MUSEI

13   IL VECCHIO NEUES MUSEUM

25   LA DISTRUZIONE E I PROGETTI DI RICOSTRUZIONE
1945–2003

32   LA FILOSOFIA DEL TEAM CHIPPERFIELD / HARRAP

36   ACCESSO, CONSOLIDAMENTO,
IMPIANTI E TECNOLOGIE AVANZATE

41   VISITA ALL'EDIFICIO

41   L'ESTERNO

44   VESTIBOLO E VISITA DELL'ALA NORD
DEL PIANTERRENO

50   IL CORTILE EGIZIO

54   VISITA DELL'ALA SUD DEL PIANTERRENO

56   IL CORTILE GRECO E IL FREGIO DI SCHIEVELBEIN

59   PROSEGUIMENTO DELLA VISITA DELL'ALA SUD

62   IL GRANDE ATRIO CON LO SCALONE

74   VISITA DEL PRIMO PIANO

89   VISITA DEL SECONDO PIANO

95   IN LODE DEI RISULTATI RAGGIUNTI

97   APPENDICE

1 Neues Museum, 2009, facciata occidentale

INTRODUZIONE

La seconda inaugurazione del Neues Museum di Berlino
(fig. 1), avvenuta nell'ottobre 2009, più di 150 anni dopo la
sua costruzione, e preceduta dal restauro della Alte Nationalgalerie e del Bodemuseum, ha costituito un ulteriore
passo avanti per la realizzazione del progetto magistrale di
restauro e di modernizzazione della cosiddetta Isola dei
Musei. Questo eccezionale complesso di monumenti e di
raccolte d'arte nel centro storico dell'antica capitale prussiana personifica non solo gli inizi della costruzione di musei
pubblici in Europa, ma anche più di un secolo di sviluppo
di storia delle collezioni e dei musei. Pertanto nel 1999 al-
l'Isola dei Musei è stato conferito dall' UNESCO il titolo di
patrimonio culturale dell'umanità. Nei due decenni successivi al 1945 furono riparati i principali danni di guerra degli
altri quattro musei dell'isola, mentre il Neues Museum, che
aveva subito danni gravissimi, nel dopoguerra è rimasto
allo stato di una rovina consolidata alla meno peggio e usata solo temporaneamente. La concezione, la pianificazione
e la realizzazione della sua ricostruzione poterono essere
avviate solo nel 1990, dopo la riunificazione della Germa-

nia, e costituirono un'impresa eccezionale dal punto di vista conservativo, architettonico e museale.

Su progetto dell'architetto inglese David Chipperfield e del suo esperto di restauro, Julian Harrap, fra il 2003 e il 2009 è nato un capolavoro, accolto con entusiasmo dagli specialisti e dal pubblico e al contempo assai discusso, che costituisce un'impresa da pionieri per l'impegnativa e dispendiosa conservazione e ricostruzione della preziosa sostanza storica con le tecniche ed i mezzi più moderni. Le parti andate perdute in seguito alla guerra e agli influssi atmosferici, come l'ala di Nord-Ovest e il risalto di Sud-Est con i loro cortili, ambienti, facciate e rifiniture interne, sono invece state edificate in un linguaggio architettonico moderno e pregnante ed inserite nella sostanza storica seguendo il principio di un «restauro integrativo« (fig. 62). Questa sintesi degli opposti, che fonde il passato e il presente in una nuova unità piena di tensione, non è un caso unico dal punto di vista del metodo, ma nel Neues Museum raggiunge una qualità spettacolare e innovativa. Per comprendere perché il nuovo Neues Museum non potesse semplicemente essere una replica fedele fin nei dettagli del vecchio Neues Museum, come alcuni gruppi di persone interessate e benintenzionate volevano ottenere ad ogni costo, persino facendo ricorso ad un referendum popolare, è necessario conoscere il significato specifico di questo edificio, costruito fra il 1843 e il 1859 in base al progetto dell'architetto di corte Friedrich August Stüler (1800–1865), e illustrare la storia della sua distruzione e della sua ricostruzione alla luce delle moderne teorie di conservazione dei monumenti e delle attuali esigenze museali.

STORIA
E SIGNIFICATO

L'ISOLA DEI MUSEI

Il concetto del museo aperto al pubblico risale all'epoca dell'assolutismo illuminato del Settecento, quando le raccolte principesche iniziarono a venir concepite non più precipuamente come una dimostrazione di potenza e di gusto privilegiato, ma come uno strumento per istruire i cittadini, educarne il senso estetico e sollecitare il sorgere di un'identità nazionale. Il progetto di fondare un museo pubblico a Berlino, avanzato nel 1798 dall'archeologo Aloys Hirt, non era tanto una risposta al decreto rivoluzionario dell'Assemblea nazionale francese del luglio 1793, che per la prima volta enunciava il diritto del popolo a partecipare dei tesori d'arte nazionali e proclamava la fondazione di un museo centrale (il Louvre), quanto una conseguenza della tradizione di politica culturale progressista da parte dei re prussiani. Tuttavia solo in seguito alla catastrofica sconfitta inflitta alla Prussia dalle truppe napoleoniche nel 1806/07 e al successivo furto e trasporto a Parigi delle più famose opere d'arte e persino della Quadriga della Porta di Brandeburgo, appena portata a termine da Johann Gottfried Schadow, l'idea di un museo berlinese venne a maturazione e sfociò in un progetto che poté infine essere realizzato, alla fine delle guerre di liberazione, durante il regno di Federico Guglielmo III.

Karl Friedrich Schinkel con il suo museo del Lustgarten (1823–1830, oggi Altes Museum) creò un prototipo della moderna cultura dei musei. Dietro il monumentale colonnato greco – decorato con pitture murali sulla storia dell'evoluzione culturale dell'umanità – il museo ospitava al pianterreno la raccolta di scultura greco-romana e al piano superiore la pinacoteca. Al contempo Schinkel diede una nuova interpretazione urbanistica di Berlino come centro del regno: per la prima volta l'arte pretendeva di svolgere un ruolo evidente nella compagine cittadina, nello spirito dell'estetica idealistica e in particolare della politica culturale e pedagogica di Wilhelm e Alexander von Humboldt. Il museo di Schinkel teneva testa al castello reale dirimpetto e affiancava da pari a pari gli edifici che intorno al Lustgarten rappresentavano i valori fondamentali dello Stato: la religione e il patriottismo militare. Dal 1816 in poi Schinkel modificò il vecchio Duomo (che solo negli anni 1893–1905 fu sostituito dall'edificio neobarocco a cupola di Julius Raschdorff) ed eresse sul viale Unter den Linden la Neue Wache, il memoriale alle guerre di liberazione. Infine nel 1819 e fra il 1824 e il 1857 fu costruito il ponte con i gruppi allegorici dei guerrieri morenti (fig. 2).

Il nuovo re Federico Guglielmo IV (1840–1858), assai impegnato sul fronte culturale, concepì nel 1841, su proposta di Ignaz von Olfers (1793–1871) da poco eletto direttore generale dei musei, il progetto di trasformare tutta l'area insulare del Lustgarten compresa fra la Sprea e il Kupfergraben in un «Asilo (Freistätte) per l'arte e la scienza». In tal

2 Karl Friedrich Schinkel: Veduta del Lustgarten con Altes Museum, duomo, castello e ponte, 1823, disegno, Staatliche Museen zu Berlin, Kupferstichkabinett

modo quest'area veniva sottratta all'amministrazione comunale e riservata alla cultura e all'istruzione superiore. Il progetto prevedeva, fra l'altro, la costruzione di un edificio che ospitasse l'aula magna e altre aule della Friedrich-Wilhelms-Universität, fondata nel 1809, che allora aveva sede nel cosiddetto Palazzo del Principe Enrico sul viale Unter den Linden (nel 1949, dopo la fondazione della DDR, l'Università fu ribattezzata Humboldt-Universität) e di un secondo museo che venne chiamato Neues (nuovo) Museum, mentre da allora in poi l'edificio di Schinkel si chiamò Altes (vecchio) Museum. Il progetto generale sviluppato da Stüler partendo dalle visioni del re viene spesso paragonato all'Acropoli ateniese, in quanto simbolo di Berlino, «l'Atene sulla Sprea», ma in realtà, con i suoi templi e i suoi cortili circondati da colonnati, corrisponde più al tipo del foro imperiale romano (figg. 3, 4). Anche per questo si rimase tenace-

3 Schizzo eseguito da Federico Guglielmo IV per l'«Asilo dell'arte e della scienza», 1841, disegno, Staatliche Museen zu Berlin, Kupferstichkabinett

4 Veduta dell'Alte Nationalgalerie e del Neues Museum, 1881

STORIA E SIGNIFICATO

mente attaccati all'idea di un tempio corinzio innalzato su un podio al centro del complesso, anche quando già da tempo non era più previsto che questo edificio ospitasse aule universitarie, ma un terzo museo, l'odierna Alte Nationalgalerie, eretta da Johann Heinrich Strack, 1866–1876. Dalla tipologia dei fori imperiali deriva anche la statua equestre del re collocata davanti a questo museo per collegare il concetto del foro culturale a quello del dominio dinastico. Anche nel Kaiser-Friedrich-Museum sull'estrema punta dell'isola, eretto fra il 1898 e il 1904 da Ernst Eberhard von Ihne e oggi chiamato Bode-Museum dal nome del suo famoso primo direttore, fu mantenuta la combinazione di museo e statua dell'imperatore (distrutta nel 1950), mentre l'edificio più recente, il neoclassico Museo di Pergamo di Alfred Messel e Ludwig Hoffmann, iniziato nel 1909 ma inaugurato solo nel 1930, si presenta già come un'istituzione della Repubblica di Weimar.

IL VECCHIO NEUES MUSEUM

Già la concezione dell'Altes Museum lasciava prevedere che l'edificio di Schinkel non avrebbe potuto ospitare tutte le raccolte, tanto più che esso doveva rimanere riservato alle opere classiche originali delle arti figurative. Ampie sale di esposizione erano necessarie in particolare per la raccolta di arte egiziana (esposta dal 1835 nel piccolo castello di Monbijou) che negli anni '40 dell'Ottocento era aumentata enormemente in seguito alle campagne di scavo dell'egittologo tedesco Richard Lepsius (1810–1884), promosse da Federico Guglielmo IV, e per le collezioni di «antichità patrie» della pre- e protostoria e del Medioevo che dall'età romantica in poi godevano di un crescente interesse.

L'idealistica celebrazione dell'antichità classica venne superata dalla nuova concezione storico-scientifica dell'archeologia e della storia dell'arte che concedeva un'importanza autonoma anche alle culture preistoriche ed «esotiche» e a epoche della storia dell'arte che finora erano state malviste. Soprattutto l'esposizione della raccolta di calchi in gesso nelle sale più rappresentative del primo piano del Neues Museum testimonia le nuove pretese scientifiche (fig. 55). Finora, nell'Accademia, essa aveva svolto la funzione di una galleria di modelli canonici dell'antichità classica riservata agli artisti, mentre da allora in poi acquistò il carattere di un'ampia raccolta ordinata cronologicamente, come documento del «progresso» dell'evoluzione artistica, e destinata agli studiosi. Infine al secondo piano furono esposti i disegni e le stampe nonché le monete, le curiosità naturali e artistiche e gli oggetti preziosi conservati un tempo nelle Kunstkammer, compresi i modelli architettonici – naturalmente tutte opere d'arte di prim'ordine, ma al contempo anche un ricco repertorio di fonti per la storia dell'arte e della cultura. Il direttore generale von Olfers era uno studioso di scienze naturali (!) a cui, come all'architetto Stüler, importava soprattutto offrire un quadro sistematico dell'attività artistica di tutti i popoli e di tutte le epoche.

Sullo sfondo di questa nuova impostazione storica e scientifica il Neues Museum può essere visto come un annesso multifunzionale che come tale richiedeva in primo luogo una suddivisione razionale, strutture adeguate alle funzioni, e la possibilità di conservare, presentare ed illuminare nel modo più appropriato i diversi oggetti esposti. Per soddisfare queste esigenze Stüler progettò un edificio con quattro ali e tre piani, con al centro un'ala trasversale che includeva due cortili interni, quello egizio e quello greco (risvolti di copertina e fig. 5).

L'edificio del museo, orientato in direzione Est-Ovest e costruito in modo leggermente asimmetrico perché la casa dei Levy, che era di intralcio alla costruzione, fu distrutta

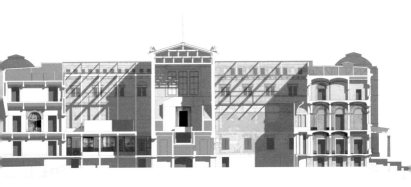

5 David Chipperfield Architects: progetto per il Neues Museum, sezione (da sinistra: ala settentrionale, cortile egizio, atrio con scalone, cortile greco, ala meridionale)

solo nel 1859, presenta agli angoli della facciata orientale due corpi aggettanti sormontati da cupole e al centro di entrambi i lati lunghi due risalti verticali con piatti timpani greci. A differenza dei portici anteposti alla facciata orientale, i risalti sottolineano l'asse del vestibolo e della monumentale gabbia dello scalone che si estende da una parte all'altra dell'edificio e fino al tetto (figg. 5, 21). Chi accedeva al museo attraverso la scalinata principale si rendeva subito conto che Stüler aveva voluto creare un ambiente di sconvolgente suggestività, tale da proclamare e da esaltare le alte pretese intellettuali del Neues Museum – proprio come Schinkel nell'Altes Museum con la sua Rotonda ispirata al Pantheon.

Stüler, convinto che un edificio destinato a contenere opere d'arte dovesse essere anch'esso un'opera d'arte, si orientò a modelli moderni, come il Nuovo Eremitage di San Pietroburgo (1839–1855), opera di Leo von Klenze. Nel 1840 il Klenze aveva illustrato a Potsdam il suo progetto al re prussiano, e Stüler era stato sicuramente presente. Finora non è stato notato che a ispirarlo era stato soprattutto il

6 Leo von Klenze: Veduta del progetto per il palazzo reale di Atene, olio su tela, 1835, particolare, Museo Statale dell'Eremitage, San Pietroburgo

progetto non realizzato di Klenze per il palazzo reale di Atene (1834; fig. 6)[1]. Il rapporto fra i due edifici è evidente, e non solo nella coincidenza delle proporzioni fra i risalti centrali e il corpo orizzontale con il colonnato dorico. Sorprendentemente affini sono anche le alte finestre tripartite di ordine corinzio sui risalti e – non ultimo – il linguaggio formale del tardo classicismo (fig. 7). Tuttavia il rapporto pieno di tensione fra l'articolazione dei profili e delle finestre e le superfici libere rivela l'influsso esercitato su Stüler da Schinkel. Lo stesso Stüler aveva apertamente dichiarato che il progetto di Schinkel – anch'esso mai realizzato – per l'atrio del palazzo sull'Acropoli di Atene era stato lo *spiritus rector* del suo spettacolare soffitto aperto sopra l'atrio con lo sca-

7 Neues Museum, 1930, facciata orientale

lone, che nel dibattito contemporaneo sull'architettura era considerato una costruzione tipicamente «greca» (fig. 42). Ad Atene nel 1834 Klenze aveva subito inserito quest'atrio nel suo progetto per il palazzo reale e nel 1936 aveva ordinato di modificare in questo senso il progetto del Walhalla presso Ratisbona. Il soffitto aperto di Stüler, che introduce un elemento di pathos architettonico nella variopinta spazialità del Neues Museum, rimase comunque sicuramente la più grandiosa realizzazione di questa idea architettonica.

L'edificio del Neues Museum, che a prima vista viene spesso sottovalutato a causa del suo esterno sobrio, offre all'interno, nonostante la sua chiara e funzionale struttura, una grande quantità di artistiche e variate soluzioni nell'as-

8 Sezione dell'ala settentrionale, 1862, litografia, da Friedrich August Stüler

setto e nella decorazione degli ambienti. Solo durante la fase di pianificazione della ricostruzione sono state riscoperte le qualità innovative della tecnica di costruzione del Neues Museum che di conseguenza è stato notevolmente rivalutato nel giudizio degli storici dell'arte e dell'architettura. Le sezioni di Stüler mostrano lo spessore relativamente ridotto delle pareti e le leggere costruzioni in ferro che sorreggono il tetto, riducendo così la massa e il peso dell'edificio (fig. 8), come era assolutamente necessario trattandosi di una costruzione su palafitte in una problematica «bolla acquitrinosa dell'età glaciale». Anche la ripresa di un'antichissima tecnica di costruzione delle volte per mezzo di corpi cavi in laterizio era finalizzata ad una riduzione della massa.

STORIA E SIGNIFICATO

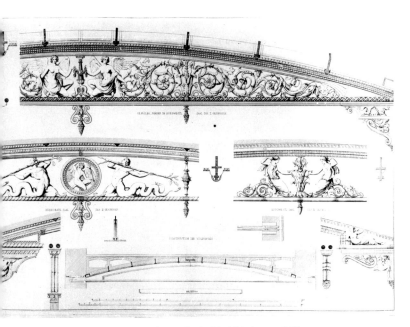

9 Capriate in ghisa, 1862, litografia, da Friedrich August Stüler

Con queste «pignatte», fabbricate nella fornace di Ernst
March sul modello della tecnica usata nel 1838 per la ricostruzione dell'Eremitage, furono eseguite numerose cupole piatte e piccole volte a sesto ribassato (le cosiddette «volte prussiane»). Nelle sue ricerche sulla tecnica di costruzione Werner Lorenha ha potuto dimostrare che Stüler ha im-
piegato le sue rivoluzionarie costruzioni in ferro prima che
Henri Labrouste le usasse per le famose biblioteche di Parigi. I puntelli, le travi, i tiranti in ghisa che Schinkel aveva am-
mirato nelle filande e nelle fabbriche tessili di Manchester e
di cui aveva eseguito degli schizzi nel 1826, durante un viaggio in Inghilterra, furono impiegati dal suo allievo e succes-
sore come elementi costruttivi, in parte nascosti, ma in par-

te anche a vista, che – per esempio nella Sala dei Niobidi –
accoppiano la stabilità ad una notevole eleganza (figg. 9, 10).
Questi elementi, che presentano sia i vantaggi della ghisa
che quelli del ferro battuto, furono prodotti in serie nella fabbrica di August Borsig e messi in opera sul posto. Le decorazioni in zinco fuso e i rivestimenti in ottone furono eseguiti nelle fabbriche di Simon Pierre Davranne e di Moritz Geiß.
La «nuova arte prussiana delle costruzioni sotto il segno dell'
industrializzazione» (Lorenz) si rivelò anche nel fatto che per
la prima volta fu impiegata sul cantiere una ferrovia mossa
da una motrice a vapore che, insieme ad una torre con mon-
tacarichi alta 40 metri, permise di costruire l'edificio grezzo in
meno di un anno. Per la prima volta fu usato anche un batti-
palo a vapore per piantare sul terreno i più di 2000 pali di
legno delle fondamenta, lunghi fino a 18 metri.

Alla complessità architettonica del Neues Museum si
accoppiava una decorazione completa dell'interno, assimi-
lata dal punto di vista iconografico alle diverse collezioni e
alla funzione degli ambienti, che però, nella sua inesauribi-
le policromia ornamentale, tradisce una sorta di *horror va-
cui*. Secondo la teoria architettonica esposta da Carl Boetticher[2] nella sua opera sulla «Tettonica dei Greci» (1844/52),
importante per la nobilitazione delle costruzioni in ferro,
era necessario dissimulare il nucleo architettonico con un rivestimento artistico per elevare il livello estetico della pura
e semplice statica, conformandolo agli scopi spirituali e sim-
bolici dell'edificio. Questa teoria – indipendentemente dal-
l'alta qualità artistica e artigianale dell'ornamentazione –
era problematica già in partenza sotto due diversi aspetti. In
primo luogo comportava il rischio di soverchiare le opere
esposte con la sontuosità dell'assetto decorativo, come era
già stato biasimato dai critici nei due nuovi musei costruiti
a Monaco da Leo von Klenze, la Glittoteca (1816–1830) e la
Pinacoteca (1826–1836), e come fu ben presto rimprovera-

10 Sala dei Niobidi (2.11.), 2009

to anche a Stüler. In secondo luogo ne scaturiva la tendenza a sovraccaricare il concetto del museo con complessi programmi iconografici concepiti come un sussidio alla comprensione, i cui messaggi ideologici e scientifici invecchiarono però rapidamente.

I monumentali dipinti parietali del pittore della corte bavarese Wilhelm von Kaulbach (1805–1874) nel grande atrio con lo scalone (fig. 41), eseguiti per espresso desiderio del re nella nuova tecnica «stereocromatica» che faceva propri gli effetti plastici della pittura ad olio, costituivano indubbiamente uno dei culmini della pittura di soggetto storico dell'Ottocento. Questo programma iconografico sulla storia del mondo, lungo 75 metri, era un tentativo di interpretare le collezioni esposte come frammenti di un avanzante «sviluppo culturale» che comprendeva in senso hegeliano l'epoca mitologica, quella classica e quella romantica e che in sostanza, dal punto di visto dell'ideologia della razze, si basava sulla vittoria dei popoli cristiano-germanici. La costruzione storico-filosofica dei sei «punti chiave» dell'evoluzione del genere umano qui raffigurati – dalla distruzione della torre di Babilonia (divisione delle razze) fino alla riforma di Martino Lutero (professione della concezione protestante di Dio e dell'aspirazione ad una nazione tedesca)[3] – corrispondeva alle sei giornate bibliche della creazione.

Anche le sale di esposizione erano decorate con pitture parietali, per «mettere in risalto l'arte vivente e concederle un ambiente adeguato per presentarsi e per svilupparsi» (Stüler). L'intento era sia quello di fare del museo stesso un'opera d'arte globale che quello di fornire agli oggetti esposti dei commenti didattici figurati e un ambiente storicizzante. Ad esempio il Cortile Egizio, circondato da un imponente colonnato e coperto da un tetto in vetro senza sostegni di 380 metri quadrati, era una ricostruzione ridotta di un terzo del Ramesseum di Tebe, il tempio fu-

11 Cortile Egizio, 1862, litografia da Eduard Gaertner

nerario di Ramsete II (1290–1224 a. C.; fig. 11). Le ricostruzioni ideali dei luoghi e degli edifici egizi dipinte sulle pareti del cortile erano state concepite dai fratelli Ernst e Max Weidenbach e dall'architetto Georg Gustav Erbkam che aveva partecipato alle campagne di scavo (fig. 12). Nel tratto Sud delle «antichità patrie» i dipinti delle pareti riproducono una tomba megalitica e la zona delle bianche scogliere dell'isola di Rügen come simboli della topografia culturale nordico-germanica; inoltre un ciclo pittorico di undici immagini, conservatosi solo frammentariamente, rappresentava, per la prima volta in tutta la storia del-

12   Karl Eduard Biermann: L'isola di Philae, pittura parietale nel Cortile Egizio (1.12.), 2009

l'arte tedesca, il mondo delle divinità nordiche secondo la tradizione dell'*Edda* (secolo XIII; figg. 34, 36). Vedute ideali di edifici greci e romani, scelte da Stüler, e una scelta di scene mitologiche costituivano l'adeguata cornice didattica della raccolta di calchi in gesso di opere antiche e moderne, esposta al primo piano (figg. 50–52). Le sale dedicate al Medioevo erano decorate da raffigurazioni di episodi storici dell'Impero cristiano d'Occidente e la Sala Moderna era caratterizzata da allegorie delle arti e della tecnica fino all'ingegneria meccanica.

Questo percorso illustrato attraverso la storia della cultura entrò ben presto in conflitto non solo con il progredire delle cognizioni specifiche e con il mutare delle prospettive, ma anche semplicemente con l'aumentare delle collezioni, con la trasformazione delle strategie di esposizione e con il dinamismo interno di una moderna istituzione museale. L'architettura di Stüler, eccellente sia dal punto di vista tecnico che da quello estetico, e il suo concetto di esposizione corredato da una decorazione dipinta con scopi didattici fecero un grande effetto all'epoca della costruzione del Neues Museum, ma già negli anni '80 dell'Ottocento furono commentati viepiù criticamente e considerati un ostacolo all'evoluzione moderna delle raccolte che già due decenni dopo l'inaugurazione del museo condusse a radicali trasformazioni: gli oggetti provenienti dalle Kunstkammer furono trasferiti al Kunstgewerbemuseum (Museo di arti applicate), la raccolta etnografica al Völkerkundemuseum (Museo etnologico) e – dopo la prima guerra mondiale – la raccolta di calchi all'Università di Berlino. Negli anni '20 e '30 il museo fu risistemato e modernizzato modificandone in parte anche l'architettura, coprendo le decorazioni parietali e «neutralizzando» gli ambienti.

LA DISTRUZIONE E I PROGETTI DI RICOSTRUZIONE 1945–2003

Dopo lo sgombero e la chiusura nel 1939, all'inizio della seconda guerra mondiale, e i gravissimi danni subiti fra il 1943 e il 1945 a causa dei bombardamenti, per il museo iniziò, dopo ottanta anni di vita, un periodo durato mezzo secolo in cui il degrado delle sue rovine fu arrestato solo provvisoriamente. La grande gabbia delle scale era stata completamente distrutta dalle fiamme ed erano andati irrimediabilmente perduti l'ala di Nord-Ovest, il risalto di Sud-Est con la sua sala sormontata da una cupola, i lati corrispondenti del Cortile Egizio e circa un terzo degli arredi decorativi in-

13 Grande atrio con scalone, 1985, veduta della parete orientale

terni. I tetti, la maggior parte delle sale di esposizione, le facciate esterne, il Cortile Greco, gli ornamenti architettonici e l'assetto dell'area che circondava il museo erano gravemente danneggiati. Negli anni '80, nel corso di provvedimenti di emergenza, furono asportati e in parte anche distrutti altri frammenti scultorei ed architettonici (figg. 13, 14). Per un lungo periodo i progetti di ricostruzione non ebbero alcuna opportunità di venir realizzati, anche perché dapprima la Soprintendenza ai monumenti della DDR prevedeva una ricostruzione quasi completa dello stato originario, compresa la riproduzione dei dipinti perduti di Kaulbach. Il prestigioso progetto di ricostruzione per una spesa di 350 mi-

26

14   Neues Museum, intorno al 1985, facciata occidentale

lioni di marchi, deciso infine nel 1986 dai responsabili per
la politica culturale nel contesto del «Programma di sviluppo della capitale della DDR», fu superato poco dopo l'inizio
dei lavori (settembre 1989) dalla rivoluzione pacifica e dalla trasformazione politica della Germania Est.

Dopo il 1990 la riunificazione tedesca non solo fece con-
fluire nuovamente insieme le collezioni d'arte berlinesi, a
lungo divise, ma condusse anche inevitabilmente ad un in-
tenso dibattito fra i responsabili dell'Est e dell'Ovest sul futuro dei musei berlinesi e in particolare su quello dell'isola
dei musei. Sul Neues Museum, su proposta del Consiglio
per i Monumenti della Stiftung Preußischer Kulturbesitz

(Fondazione dei beni culturali prussiani, in seguito nel testo solo Fondazione), fu instaurata nel 1991–1992 una commissione di esperti presieduta da Wolfgang Wolters[4] che modificò i punti fondamentali della concezione conservativa dei progetti della DDR. Invece di una ricostruzione totale dello stato originario, insostenibile sia dal punto di vista teorico che da quello artistico e museologico, la commissione consigliò, in base alla Carta di Venezia del 1964, relativa alla tutela dei monumenti, un'accurata conservazione della sostanza originale ancora esistente, nel rispetto della sua autentica qualità e della sua funzione documentaria, ed eventualmente anche il suo restauro parziale e la riconduzione sul posto degli elementi ritrovati, e al contempo una prudente integrazione nella rovina di parti moderne, in modo da ricondurre l'edificio ad un'unità strutturalmente intatta e sfruttabile come museo. L'esperienza autentica dell'atmosfera originale del museo e della grande qualità dei suoi elementi, la riflessione sulla sua storia, sul suo degrado e sui danni subiti, dovevano essere i principi ispiratori della ricostruzione e dell'integrazione del Neues Museum, anziché un morboso e romantico culto delle rovine e un falso «rinnovato splendore». Secondo la convinzione degli esperti, una ricostruzione, anche accuratissima, delle superfici distrutte avrebbe significato una vittoria della finzione e avrebbe condotto ad una drastica svalutazione della sostanza storica conservata. Pertanto di fatto essa sarebbe stata equivalente ad una seconda «distruzione del monumento», come si espresse Georg Mörsch sui pericoli insiti nelle ricostruzioni.

Nel 1992 i risultati a cui era giunta la commissione di esperti furono adottati come obiettivo da raggiungere dalla Sovrintendenza ai Monumenti di Berlino[5], in forma di un «programma approssimativo di conservazione», e apertamente difesi nel corso delle difficili trattative con la Fondazione, che perseguiva anche finalità diverse. Infatti nel 1993, quando la perizia degli esperti che indicava la via da seguire era già stata congedata, la Fondazione aveva bandito un concorso di architettura per la ricostruzione del Neues Museum e per la costruzione di un edificio che lo integrasse; le condizioni poste dal bando erano formulate in modo assai meno rigoroso: «Il compito non va risolto semplicemente restaurando la situazione storica originale. Gli iniziatori del bando si aspettano dai partecipanti al concorso che essi sfruttino i margini di libertà creativa offerti dall'espressione ‹ripristino integrativo›, formulata nella perizia della commissione, per giungere ad un accordo fra gli interessi della tutela e quelli della funzionalità del museo.» Ciò significava una modernizzazione del museo non solo dal punto di vista tecnico, ma anche da quello museologico e costruttivo, che tenesse conto delle esigenze e delle aspettative del turismo museale moderno, per esempio in forma di un percorso della visita studiato con particolare attenzione ai principali capolavori e di una adeguata messa in scena delle opere d'arte (fig. 15). La conseguenza di questa direttiva fu una polarizzante divergenza di posizioni fra gli interessi della tutela dei monumenti e quelli museologici. Negli anni successivi queste divergenze sfociarono in una pubblica «disputa museale berlinese».

Nel 1994 fu dichiarato vincitore del concorso l'architetto italiano Giorgio Grassi il cui progetto prevedeva la ricostruzione delle ali mancanti in un linguaggio formale rigorosamente razionalistico. Il posto dell'enorme atrio di Stüler sarebbe stato occupato da un atrio di esposizione su tre piani collegato al pianterreno con il previsto edificio integrativo lungo il canale (Kupfergraben). Il secondo premio fu vinto da David Chipperfield, l'unico che propose una ricostruzione del Neues Museum compresa la gabbia delle scale, in aderenza ai principi della tutela dei monumenti. Tuttavia egli non prometteva assolutamente, come invece gli rimproverarono in seguito i critici delusi, una ricostruzione totale della situazione originaria, ma si atteneva alla perizia e sosteneva solamente «that this restoration should be as complete and as authentic as possible» («che il restauro dovesse essere il più possibile completo ed autentico»). Questo accostamento alla struttura e all'assetto storico era in contrasto con il suo progetto in acciaio e vetro per l'edificio integrativo lungo il Kupfergraben, che fu vivacemente discusso. Il terzo vincitore, il napoletano Francesco Venezia, rinunciava completamente a ricostruire le parti perdute del Neues Museum; il suo progetto e quello di Axel Schultes, vincitore del quinto premio, non furono più presi in considerazione nella fase seguente.

Invece Frank Gehry, vincitore del quarto premio, aveva presentato un progetto particolarmente gradito alla Fondazione dei beni culturali prussiani, con una fila di elementi decostruttivisti in metallo rialzati da sostegni che si doveva snodare dalla facciata occidentale del museo di Schinkel lungo tutto il Kupfergraben e proseguire nell'atrio a vetri del Museo di Pergamo. Gehry aveva intenzione di ricostruire la forma esterna del Neues Museum, ma di dare invece all'interno un assetto completamente nuovo, senza riguardo per le parti conservate. La giuria aveva bensì criticato che l'aspetto e l'articolazione dei singoli elementi di questo progetto fossero assolutamente autonomi, senza alcun riguardo alla circostante tipologia urbana, tuttavia proprio in questa rottura creativa risiede il particolare marchio di fabbrica di Gehry. Il suo museo-gioiello di Bilbao è un affascinante spettacolo architettonico che attira in città migliaia di turisti. Pertanto alcuni manager dei musei speravano che la forza visionaria di Gehry riuscisse a catapultare di colpo nel XXI secolo l'isola dei musei di Berlino. Dapprima la Fondazione invitò i vincitori del concorso a rielaborare i

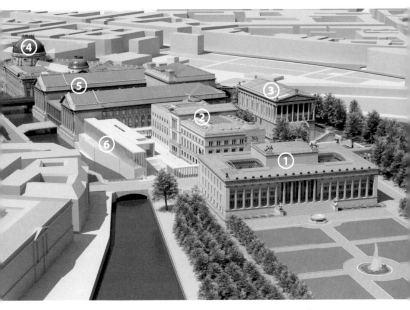

15 Piano magistrale per l'Isola dei musei, situazione 2006, grafico computerizzato: David Chipperfield Architects (1: Altes Museum, 1830; 2: Neues Museum, 1859; 3: Alte Nationalgalerie, 1876; 4: Bodemuseum, 1904; 5: Pergamonmuseum, 1930; 6: James Simon-Galerie, inizio della costruzione nel 2010)

progetti, ma accantonò ben presto quello di Grassi e in una terza fase, nella primavera del 1997, si concentrò unicamente su Chipperfield e Gehry, sollecitandoli a presentare una nuova versione dei loro progetti. In considerazione della decisa preferenza per Gehry, le Soprintendenze berlinesi, numerosi esperti, fra cui anche l'associazione delle Soprintendenze tedesche, giornalisti e impegnati cittadini rivendicarono con veemenza, in discussioni pubbliche, comunicati stampa e risoluzioni scritte, che venissero rigorosamente rispettate le esigenze della tutela dei monumenti. Nel novembre 1997, immediatamente prima della decisione definitiva della commissione della Fondazione, il Consiglio regionale dei monumenti convocò una conferenza stampa tenutasi presso la Camera dei deputati di Berlino che contribuì a rovesciare la situazione a favore del progetto di Chipperfield, l'unico a promettere l'auspicato equilibrio fra la trasposizione pratica delle finalità di tutela e la necessaria modernizzazione del museo.

LA FILOSOFIA DEL TEAM CHIPPERFIELD / HARRAP

Alla crisi dell'autunno 1997, dopo la decisione e l'attribuzione dell'incarico a Chipperfield, sotto la nuova egida del presidente della Fondazione, Klaus-Dieter Lehmann, del suo direttore generale, Peter-Klaus Schuster, e dell'addetta alle costruzioni della Fondazione, Gisela Holan, fece seguito un processo di distensione, di dialogo costruttivo e di stretta cooperazione fra tutte le istituzioni e le persone coinvolte. Da allora in poi gli architetti, i soprintendenti e i direttori dei musei, in accordo con l'amministrazione competente per gli interventi edilizi[6], cercarono di raggiungere un'intesa sui complessi problemi e sui provvedimenti da prendere, il che comportava soluzioni individuali per ogni singola decisione.

David Chipperfield, Julian Harrap e i loro collaboratori responsabili[7], insieme agli autori della perizia, alla Soprintendenza (che nel 2000 presentò un progetto dettagliato del restauro) e alla Fondazione in veste di committente condividevano e perseguivano come obiettivo principale la conservazione e il ripristino della sostanza storica ancora esistente. I tratti fondamentali della loro etica di tutela risalgono da una parte a John Ruskin (1819–1900), il fondatore inglese della moderna tutela dei monumenti, e al dettagliato metodo di conservazione inglese basato sui suoi principi e già da tempo praticato sui monumenti del-l'antichità classica. Dall'altra parte essi sono radicati nella tradizione, affermatasi nel dopoguerra nella Germania Occidentale, di riparare i monumenti in modo minimalista, adattandoli alle nuove esigenze e lasciando visibili gli interventi compiuti, per esempio alla maniera dell'architetto Hans Döllgast. Per il coraggio di introdurre accenti creativi nella sostanza storica si può far riferimento anche all'integrazione e alla nuova interpretazione di edifici storici praticate da Carlo Scarpa in alcuni musei italiani negli anni '50 e '60.

Per garantire soluzioni adeguate fu esattamente schedato ed analizzato lo stato di ogni ambiente. Infine – a seconda del grado di conservazione degli ambienti stessi – fu fatto ricorso ai più raffinati metodi di conservazione e di restauro che in parte furono sviluppati e sperimentati ex novo[8]. Secondo le norme della Carta di Venezia del 1964 «le parti mancanti devono integrarsi armoniosamente nell'insieme, distinguendosi tuttavia dalle parti originali». La rinuncia a ridipingere completamente le superfici ha fatto sì che in alcuni casi siano rimaste visibili le pareti grezze, il che permette di scoprire le qualità costruttive dell'edificio.

D'altra parte l'acribica preparazione archeologica della sostanza conservata non poteva essere inserita in una cornice completamente neutra. In fin dei conti il restauro isolato di singoli frammenti e la minaccia della disgregazione estetica non costituiscono la migliore soluzione per rinnovare un edificio di una certa pretesa e destinato a svolgere una determinata funzione. Nel 2003 Chipperfield scrisse: «L'edificio ‹vorrebbe› tornare ad essere un edificio» e aggiunse che era sua intenzione dare ordine al tutto e dare importanza alle parti conservate. Si trattava quindi di formulare nuovamente il carattere delle singole sale, che era determinato dalle diverse forme degli ambienti, dei sostegni, delle volte, dei cicli pittorici e degli ornamenti, ma anche dal loro grado di conservazione, e infine di rendere comprensibile la loro sequenza come un continuo organico. Ciò significava che occorreva contrapporre alla sostanza storica conservata un linguaggio architettonico proprio che caratterizzasse gli ambienti costruiti ex novo e al contempo permettesse una prudente stilizzazione delle aggiunte alla sostanza storica. Il compito di conservare si trasformò inevitabilmente nel compito di dar forma: «Il nostro scopo dichiarato era quello di accomunare questi compiti così diversi in una concezione globale, in modo che il vecchio e il nuovo si mettessero in risalto a vicenda e non per mezzo del loro contrasto, bensì creando una nuova continuità».

La logica di una ricostruzione dell'edificio che al contempo ne completasse le parti mancanti esclude a priori parecchie soluzioni desiderate dalla fantasia popolare, per esempio quella oltremodo incoerente di ricostruire con fedeltà storica il guscio esterno di un edificio ristrutturando invece l'interno in forma moderna. Oppure la pretesa di ricostruire esemplarmente fin nei dettagli singoli ambienti, per esempio la gabbia delle scale di Stüler, rinunciando invece a questo tipo di riproduzione in altre sale. Proposte di questo genere non solo sono prive di ogni base intellettuale e metodica, ma finirebbero per scatenare una reazione a catena e permettere la vittoria del puro arbitrio. Un'adeguata comprensione storica e architettonica dell'edificio di Stüler richiede invece che il rapporto reciproco fra il vecchio e il nuovo rimanga leggibile nell'intero edificio. E anche nell'ambito della decorazione è necessario potersi orientare sullo status quo.

L'esempio della Sala a Cupole Ribassate e della soprastante Sala del Medioevo rivela che in un caso Chipperfield

16   Sala del Medioevo (2.04.), 2009, veduta dell'abside

è stato anche «incoerente» dal punto di vista storico e artistico, per esempio quando, su proposta della Soprintendenza, vi ha ricostruito in forma stilizzata, come importante elemento della concezione originaria di questi ambienti, l'esedra che era stata asportata dal Cortile Greco fra il
1919 e il 1923 in occasione delle modifiche apportate per
esporre la collezione di Amarna (fig. 16). Nel caso della sala
pseudogotica al secondo piano, con volte a crociera in forma di stella, allungate asimmetricamente e costruite da
Stüler con la tecnica della volta Rabitz (in Germania si trat-

tava del primo soffitto eseguito con una rete portaintona-
co!) per conferire all'ambiente un'atmosfera adeguata ad
accogliere gli oggetti provenienti dalle Kunstkammer, occorreva decidere se eliminare o ricostruire completamente gli scarsi resti ancora conservati. Eccezionalmente fu deciso di ricostruire la volta per salvare il ricordo di questa
curiosità (fig. 60). Dove la scansione ritmata dalle colonne lo
suggeriva, per esempio nella Sala Moderna (primo piano),
sono stati ricostruiti anche i mosaici (le cui tessere dopo la
guerra erano state messe al sicuro stipandole in casse da
munizioni russe) e i pavimenti in terrazzo che erano andati completamente distrutti, e questo per garantire l'effetto di continuità dello spazio e la chiarezza tettonica
(figg. 34, 54, 56). Nonostante queste sporadiche contrav-
venzioni alle severe regole della conservazione, agli occhi
di un osservatore attento il restauro e le integrazioni del
Neues Museum da parte di Chipperfield rimangono chiari
e trasparenti.

ACCESSO, CONSOLIDAMENTO, IMPIANTI E TECNOLOGIE AVANZATE

Spesso viene trascurato il difficoltoso compito di integrare
a norma nella ricostruzione i nuovi standard funzionali e
tecnologici per rendere il museo in grado di rispondere alle
esigenze moderne, ma senza mettere in pericolo la sua in-
tegrità estetica. Per esempio fra il 1989 e il 1994 i pali in
legno omai marcio delle fondamenta dovettero venir so-
stituiti con una nuova platea e con 2500 pali di acciaio; in
seguito queste nuove fondazioni dovettero essere adatta-
te al progetto attuale. La portata delle storiche strutture
portanti in ferro fu consolidata per mezzo di lamelle di fi-
bra di carbonio; tutte le finestre sono state rielaborate secondo le attuali norme della termotecnica.

STORIA E SIGNIFICATO

17 David Chipperfield Architects: progetto per la James Simon-Galerie e per il Neues Museum, situazione 2006

Nel 1999, durante l'elaborazione del progetto magistrale, fortunatamente era stato deciso che il Neues Museum dovesse nuovamente ospitare l'arte egizia e le collezioni pre- e protostoriche; ciò permetteva di usare anche in futuro gli ingressi storici del museo. Non furono più ricostruiti i due ponti coperti che collegavano il lato Sud del Neues Museum con l'Altes Museum (dal 1845) e il lato Nord con il Museo di Pergamo (dal 1925), anche perché non sarebbero stati in grado di affrontare l'attuale fiumana di visitatori e inoltre avrebbero reso più difficoltosa la disposizione delle collezioni negli ambienti. Il progetto

18 Centrale di riscaldamento e di climatizzazione, 2009

magistrale prevede invece che i singoli edifici dell'Isola dei Musei e le quindi tutte le aree espositive siano collegati tra loro mediante una «passeggiata archeologica» sotterranea a cui si accederà da un nuovo edificio d'accesso lungo il Kupfergraben (James Simon-Galerie). Questa «passeggiata» ingloberà i seminterrati e i cortili di tutti i musei e offrirà spazio all'illustrazione di temi generali della storia della cultura, come ad esempio «Dio e gli dei», «Caos e cosmo», «Il tempo e la storia» «L'aldilà e l'eternità» (figg. 15, 19). Questa concezione offrirà la possibilità di permettere sia visite turistiche di gruppo limitate ai principali capolavori dei singoli musei che visite individuali più lunghe e approfondite.

STORIA E SIGNIFICATO

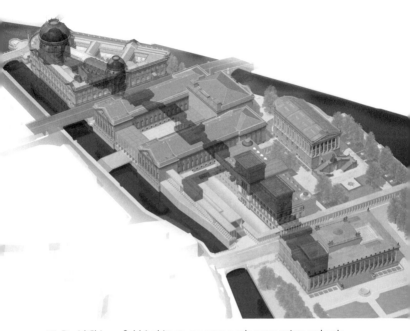

19 David Chipperfield Architects: progetto per la passeggiata archeologica, situazione 2006

Il progetto rielaborato di Chipperfield per l'edificio di ingresso lungo il Kupfergraben (inizio dei lavori nel 2010) segue il principio che sull'isola ogni epoca ha costruito nel suo proprio stile, vale a dire sempre in stile «moderno», ma tiene tuttavia conto delle critiche che erano state avanzate alla prima proposta a causa della sua estrema modernità nel linguaggio formale e nei materiali previsti. Infatti la classica scansione della nuova James Simon-Galerie, in armonia con il colonnato di Stüler, e la scelta della pietra naturale al posto del calcestruzzo si inseriscono meglio nell'assetto urbanistico della città (fig. 17).

Per integrare nel modo più discreto possibile i nuovi standard tecnologici relativi alla sicurezza, all'energia, al traffico, alla climatizzazione e all'illuminazione non ci si poteva più servire del seminterrato. Pertanto le centrali tecniche sono state collocate nei soffitti e in ambienti sotterranei situati ad Est dell'edificio. Particolarmente complicata è stata la posa delle nuove infrastrutture tecniche nei vecchi pozzi di distribuzione e di erogazione (che alla loro epoca erano molto moderni), sotto il tetto del colonnato e nei vuoti delle volte a botte; tuttavia oggi queste infrastrutture sono praticamente invisibili dall'esterno. Dal punto di vista della pianificazione e dell'ingegneria tecnica, la discreta modernizzazione tecnologica dell'edificio costituisce uno dei capolavori di questa ricostruzione (fig. 18).

VISITA ALL'EDIFICIO

L'ESTERNO

Chi proviene dal Museo di Pergamo o dall'Arsenale (Zeughaus) vede, al di là del canale, il retro del Neues Museum ossia la facciata occidentale, il cui risalto centrale e l'ala di destra sono stati attentamente restaurati, mentre l'ala sinistra, verso Nord, è chiaramente nuova (fig. 1). I cornicioni e la fila delle finestre sono alla stessa altezza di quelli della parte originale e il rivestimento in mattoni provenienti dalle prestigiose fornaci del Brandeburgo le si assimila anche dal punto di vista cromatico. Nella parte ottocentesca sono stati lasciati a vista i resti di intonaco che imitano diverse pietre naturali e sulle traverse delle finestre sono state reinserite le sculture originali, mentre la parte moderna è valorizzata dalle cornici, dai montanti e delle traverse delle finestre, nettamente più chiari. Tuttavia, quando sarà stata ultimata la James Simon Galerie, di questa facciata rimarrà visibile solo il terzo superiore (fig. 17), come prima della guerra fino al 1935, quando fu demolito il vecchio magazzino doganale di Schinkel.

Sopra il risalto centrale, scandito da due grandi trifore, è stato rimesso in opera il timpano ornato da sculture in zin-

20 Neues Museum, 2009, timpano occidentale

co che imita la pietra eseguite nel 1856 da August Kiss. Il loro soggetto, «L'arte istruisce l'industria e l'artigianato» commenta una delle fondamentali funzioni del museo. Al di sotto si legge l'iscrizione, scelta personalmente dal re Federico Guglielmo IV, che sottolinea le elitarie pretese culturali del museo: ARTEM NON ODIT NISI IGNARUS (Solo l'incolto disprezza l'arte; fig. 20).

Più unitario è l'effetto della facciata di ingresso, rivolta ad Est verso la Alte Nationalgalerie e quasi completamente conservata, ad eccezione del corpo aggettante a Sud-Est.

VISITA ALL'EDIFICIO

21   David Chipperfield Architects: progetto per il Neues Museum, facciata orientale, situazione 2006

Lungo tutta la facciata, nella zona inferiore, corre un portico
a colonne. Gli spigoli vivi delle alte finestre del primo piano e di quelle più basse del secondo e lo slancio verticale
del risalto centrale rivelano l'energica firma di Stüler. Anche
su questa facciata principale non possono essere ignorati
i danni provocati dalla guerra, tuttavia la sua immagine è
più omogenea, grazie anche al fatto che nel 1990 era stata
ricostruita la cupola del corpo aggettante a Nord-Est, il cui
pendant a Sud, ricostruito in forme moderne, contrasta invece in modo un po' duro con il resto dell'edificio. Le tre figure allegoriche integrate nel cubo moderno in mattoni a vista corrispondono alle sculture e ai medaglioni con allegorie delle arti e delle scienze ricollocati sul corpo aggettante
a Nord (figg. 7, 21, 22). Il timpano del risalto centrale, che in
origine era coronato da una Borussia, l'allegoria della Prussia, presenta un rilievo in stucco eseguito da Friedrich Drake sul tema «La storia istruisce l'architettura, la scultura, la
pittura e la grafica»[9], altro riferimento alla nuova concezione museale dello storicismo. Il testo dell'iscrizione inaugu-
rale sottostante è: MUSEUM A PATRE BEATISSIMO CONDITUM
AMPLIAVIT FILIUS MDCCCLV (Nel 1855 il figlio ha ampliato il

museo fondato dal suo beatissimo padre). I montanti delle finestre del primo piano sono decorati da geni tutelari in zinco, i cui attribuiti rappresentano i diversi ambiti del collezionismo.

VESTIBOLO E VISITA
DELL'ALA NORD DEL PIANTERRENO

Si accede al museo attraverso un severo vestibolo (1.01.) scandito da quattro monumentali colonne doriche che sorreggono un soffitto a cassettoni costruito con pignatte in laterizio e travi in ghisa. Dal punto di vista formale l'ambiente è paragonabile al famoso «vestibolo greco» del piccolo castello Humboldt a Berlino-Tegel, eretto da Schinkel fra il 1819 e il 1824. Mentre la maggior parte delle colonne del museo è costituita da un fusto grezzo ricoperto da finto marmo in stucco, in questo caso si tratta di monoliti accuratamente scanalati in marmo bianco di Carrara con venature violette. Le colonne presentano un capitello con fregio figurato secondo l'uso romano e quindi vogliono illustrare l'evoluzione della storia dell'architettura dai Greci ai Romani (fig. 23). Lungo l'asse principale inizia la scala, dapprima ad una sola rampa, che conduce alla grande tromba delle scale – in modo affine a quella dell'Eremitage di San Pietroburgo, costruito da Leo von Klenze. Le pareti del vestibolo sono rivestite in «stucco lustro» giallastro, ad imitazione del marmo. Ai due lati della rampa sono state collocate, in sostituzione degli originali distrutti, due repliche dei leoni antichi di tipo egizio della scalinata del Campidoglio a Roma (1875), provenienti da un parco in prossimità di una delle stazioni ferroviarie berlinesi (un tempo Lehrter Bahnhof). A sinistra si apre la porta della Sala della Patria, dove si conclude la visita dell'ala Sud, mentre a destra si accede alla Sala della Mitologia della sezione egizia.

22 Neues Museum, 2009, facciata meridionale

23 Vestibolo (1.01.), 2009

Nella Sala della Mitologia (1.11.), che è scandita da pilastri lungo le pareti, è stato possibile riportare in luce e restaurare ampie superfici della preziosa carta da parati dipinta in blu e oro (figg. 24, 25). Essa è applicata sul soffitto e sulle alte travature trasversali che nascondono le travi di sostegno in ferro. Presenta motivi iconografici relativi all'astrologia, fra l'altro anche il ciclo dei segni zodiacali proveniente dal tempio di Dendera, che era stato copiato a Parigi da Richard Lepsius. I danni subiti dalla decorazione di questo ambiente risalgono agli interventi di «modernizzazione»

VISITA ALL'EDIFICIO

24   Sala della Mitologia (1.11.), 2009

degli anni '30, nel corso dei quali era stato costruito un con-
trosoffitto e le pitture storiche erano state lavate e ridipinte.
Un fregio che corre lungo le pareti raffigura scene del culto
dei morti, un altro le principali divinità della mitologia egizia. È notevole la parte inferiore delle pareti, dipinta ad imitazione di pannelli in legno con marezzature. In questa sala
erano esposte mummie, sarcofagi e corredi funerari. L'attigua Sala delle Tombe di forma pressoché quadrata (1.10.),
che si trova sotto la Sala con Cupola (Nord; 2.10), conteneva
tre tombe provenienti da Gizeh e Sakkara che in parte sono

25 Sala della Mitologia (1.11.), 2009, particolare delle carte da parati del soffitto

state asportate solo durante i lavori di consolidamento delle rovine dell'edificio ed oggi sono esposte nella Sala della Storia .

L'ambiente seguente appartiene già alla parte moderna dell'edificio nell'ala di Nord-Ovest. In origine era l'Ipostilo o Sala Egizia (1.09.). Oggi la sala è scandita da pannelli parietali in pietra artificiale e da bacheche progettate da Michele de Lucchi. Da qui si accede alla galleria del Cortile Egizio.

La visita prosegue con la Sala della Storia (1.08.), un tempo riccamente decorata, che ora, pur mantenendo il formato originale, è una moderna sala di esposizione priva di colonne portanti. Come la maggior parte degli ambienti ricostruiti ex novo, essa presenta un soffitto a travi ed è arti-

26 Veduta del Cortile Egizio dalla Sala della Storia (1.08.), 2009

colata da elementi prefabbricati in pietra artificiale, accuratamente lisciati o sabbiati. Le lastre di grande formato in calcestruzzo misto a marmo della Sassonia hanno una calda tonalità grigia e, grazie alle inclusioni in pietra naturale fanno l'effetto di un moderno finto marmo (fig. 26). Per questi elementi moderni Chipperfield ha sviluppato un linguaggio formale puristico che dà buona prova di sé anche nel processo di fusione fra le parti originali e le parti nuove dell'edificio. La visita dell'ala Nord termina nella sala dietro la scala che nel corso della ricostruzione è stata trasformata in un vestibolo per il nuovo accesso da Ovest (1.07).

IL CORTILE EGIZIO

Il percorso appena descritto circonda il Cortile Egizio (1.12.) che era in origine una delle più spettacolari messe in scena storicizzanti del Neues Museum e, grazie all'effetto della litocromia di Gaertner (1862), influenza tuttora la nostra immagine della sezione egizia del museo (figg. 8, 11). Sin dall'origine il cortile poteva essere usato come sala da esposizione in quanto coperto da un soffitto in vetro opalino di 360 metri quadrati (a Berlino il primo di questo tipo e di queste dimensioni) sospeso sotto il tetto a capanna in vetro. Del cortile si sono conservati solo il lato di Sud-Est con resti dei dipinti parietali e alcuni dei conci di pietra, ritrovati nel 1987, di cui erano costituite le sedici colonne egizie con capitelli a forma di fiore di loto. Sul fregio si trovava l'iscrizione dedicatoria in geroglifici, quindi leggibile solo dagli egittologi, che esaltava il re, «vittorioso signore del Reno e della Vistola», come protettore della spedizione in Egitto e come committente del Museo Egizio. Nel peristilio con decorazione policroma, che circondava un atrio ribassato di tre gradini ed imitava il Ramesseum di Tebe, erano esposte statue di faraoni e di divinità. Al di sopra del peristilio correva una galleria in cui erano esposti calchi di opere d'arte egizie, assire, persiane e greche. Nel 1992 la commissione di esperti dovette constatare – purtroppo con ragione – la perdita quasi totale del Cortile Egizio (fig. 14). Questo deplorevole stato richiedeva pertanto una radicale nuova interpretazione.

Chipperfield è riuscito in questo intento invertendo il rapporto fra lo spazio e la materia (fig. 27). In mezzo al cortile, al posto dell'atrio aperto, è collocata ora una «casa nella casa», in forma di un podio da esposizione che occupa due piani ed è costituito da un'architettura astratta di pilastri in calcestruzzo alternati a basse transenne di vetro opalino.

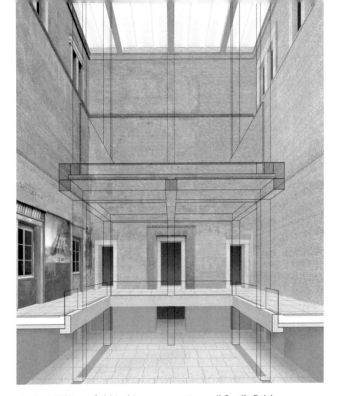

27   David Chipperfield Architects: progetto per il Cortile Egizio

Basta pensare agli schizzi delle architetture egizie a pilastri eseguiti da Friedrich Gilly intorno al 1796, che avevano avuto una grande importanza per Schinkel e per i pionieri dell'architettura moderna del XX secolo, o al ruolo svolto dai templi a pilastri di Tebe e di Karnak come incunaboli della teoria architettonica del classicismo romantico (fig. 28), per comprendere il significato di questo linguaggio formale, tanto più che anche Chipperfield è stato profondamente influenzato dai modelli egizi. La nuova messa in scena del Cortile Egizio si presenta come un quadro romantico e questo effetto è ulteriormente accresciuto dal fatto che al centro l'atrio si apre verso il basso e permette di vedere la pas-

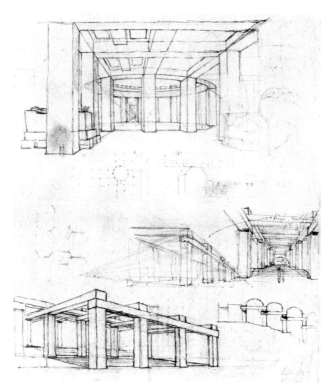

28 Friedrich Gilly: Sale con Pilastri, ex Technische Hochschule Charlottenburg (disegno disperso)

seggiata archeologica sotterranea, simile ad una cripta, dove sarcofagi in pietra, egiziani e romani, illustrano il tema dell'aldilà e dell'eternità (0.12.). Altrettanto interessante è la veduta verso l'alto, dove un soffitto in vetro satinato ricopre il cortile.

Al livello della galleria (1.12.) le vedute di paesaggi e di monumenti ricostruiti durante la campagna egiziana del Lepsius – dipinte da Carl Graeb, Wilhelm Schirmer, Eduard Pape, Eduard Biermann und Max Schmidt – permettono di

29 Cortile Egizio (1.12.) con veduta della Passeggiata archeologica (0.12), 2009

immaginarsi l'intero istruttivo ciclo di cui facevano parte. Passabilmente conservate sono, sul lato orientale, le vedute dell'obelisco nel tempio di Karnak, del cortile antistante il tempio di Edfu, dell'isola di Philae, del tempio di Abu Simbel scavato nella roccia e del monte Barkal; sulla parete Nord si è conservato un frammento della veduta delle cave di Silsilis (figg. 12, 29)[10]. Le altre pareti sono nude e grezze, quelle costruite ex novo sul lato Sud e sul lato Ovest sono state assimilate a questa atmosfera «archeologica» usando vecchi laterizi del Brandenburgo.

30 Sala Etnografica (1.06.), 2009

VISITA DELL'ALA
SUD DEL PIANTERRENO

Dal vestibolo posteriore (1.07.) si accede verso Sud alla Sala
Etnografica (1.06.), una lunga galleria, scandita da sei coppie
di colonne doriche, che riceve luce dall'Ovest. La sala deve il
suo nome al fatto che originariamente vi era esposta l'arte
di quei «popoli totalmente barbari che vivono in Africa e in
Oceania», vale a dire il nucleo principale della raccolta del-
l'attuale Museo Etnologico. Sul fusto in arenaria delle colonne si possono ancora riconoscere le scanalature model-

31 Sala delle Cupole Ribassate (1.04.), 2008

late in finto marmo, in diversi stati di conservazione. Dal contrasto fra le colonne e il pavimento in terrazzo, che invece è stato restaurato, nasce ciò che Georg Mörsch ha definito un «equilibrio che rivela la forma originaria e il tempo trascorso» (fig. 30).

A sinistra si accede alla Sala delle Cupole Ribassate che, come si legge in una descrizione del 1855, conteneva «gli oggetti più significativi della Polinesia e dell'India» (1.04.). In origine la sala comprendeva nove campate, ma nel corso di una modifica degli anni '20 fu accorciata a sei campate. Colonne e pilastri dorici sorreggono sei cupole ribassate, tipiche per Stüler, costruite con corpi cavi in laterizio (pignatte); la loro ricca ed elegante decorazione è quasi completamente conservata (fig. 31). La nuova esedra scandita da pilastri allarga oggi la sala verso Nord e permette di godere della vista grandiosa del Cortile Greco. Le tre campate distaccate formano una stretta galleria che oggi ospita il caffè del museo (1.05.).

IL CORTILE GRECO
E IL FREGIO DI SCHIEVELBEIN

Si consiglia di osservare da qui il Cortile Greco (0.13.) che, come quello egizio, forniva luce alle sale e, essendo stato coperto nel corso delle modifiche degli anni 1919–1923, serviva anche da sala di esposizione per i reperti degli scavi di Amarna. Oggi il cortile fa parte della passeggiata archeologica (fig. 32). Questo spiega perché il cortile ha conservato il carattere di un ambiente esterno. L'effetto delle pareti e dell'esedra oggi è determinato soprattutto dal mattone grezzo a vista in colori caldi, anche se sono ancora visibili ampie zone di intonaco color arenaria con scalfitture che imitano un rivestimento in lastre di pietra. Negli anni 1883–1887 il cortile fu sopraelevato di un mezzo piano, girando verso l'esterno e rialzando il tetto ad un solo spiovente che in origine era inclinato verso l'interno. Sopra al nuovo tetto in vetro sono visibili i tre medaglioni con le teste delle divinità greche Zeus, Era e Atena che ornano il muro esterno della gabbia della scala.

Ben visibile dall'esedra è l'arredo più significativo del Cortile Greco – e al contempo un importante elemento storico-culturale dell'iconografia del museo – cioè il fregio di Schievelbein, così chiamato dal nome del suo scultore. Hermann Schievelbein (1817–1867), uno dei principali rappresentanti della scultura classicista berlinese, ricevette nel

32   Cortile Greco (0.13.), 2008, veduta del lato settentrionale

1845 l'incarico di raffigurarvi la distruzione di Pompei e l'influsso esercitato dall'arte pompeiana sulla posterità. Dal Settecento le città di Pompei e di Ercolano, distrutte da un'eruzione del Vesuvio nel 79 d.C., erano state riscoperte dagli archeologi e dai viaggiatori. Gli scavi e le pubblicazioni avevano influenzato in modo determinante l'immagi-

33 Fregio di Schievelbein nel Cortile Greco (0.13.), 2009, particolare
(Stüler e Olfers accolgono i Pompeiani)

ne del raffinato stile di vita dei Romani e avevano ispirato
non solo i sistemi decorativi del classicismo e dello storicismo, ma anche le diverse tecniche dell'artigianato artistico
moderno. Il fregio in stucco di calce, restaurato in più fasi fra
il 1997 e il 2008, raffigura al centro della parete Nord del
cortile la distruzione di Pompei da parte delle forze della
natura, raffigurate allegoricamente[11], sulla parete orientale la (fittizia) fuga degli abitanti e su quella occidentale il
loro «arrivo» a Berlino, dove vengono gentilmente accolti
insieme ai loro tesori d'arte dal direttore generale Olfers e
dall'architetto Stüler. Si tratta, per così dire, di un'allegoria
poetica della moderna istituzione museale, non ancora del
tutto superata ancor oggi: la sopravvivenza delle culture
tramontate grazie alla loro conservazione nei musei!
(fig. 33).

PROSEGUIMENTO DELLA VISITA DELL'ALA SUD

Dalla Sala delle Cupole Ribassate (1.04.), passando per il moderno corpo aggettante di Sud-Est, si accede alla cosiddetta Sala della Patria (1.02.) che un tempo era un altro punto culminante dell'iconografia del museo. Per dare una degna cornice ai reperti della pre- e protostoria dei paesi nordici, la zona superiore di questa sala, suddivisa da tre coppie di colonne doriche e da archi a sesto ribassato, era stata decorata fra il 1850 e il 1852 con dipinti parietali raffiguranti temi delle saghe nordiche secondo la tradizione dell'*Edda* medioevale[12] (figg. 34, 36). Queste scene, equiparate per la prima volta alla mitologia greca, dovevano svolgere soprattutto una funzione didattica, dato che l'Olimpo estremamente complesso delle divinità nordiche era assai poco conosciuto.* I dipinti murali erano stati celati alla vista già prima del 1900 e poco dopo furono ricoperti completamente con una nuova tinteggiatura e sono tornati in luce solo durante i lavori di restauro. I due paesaggi programmatici di Ferdinand Konrad Bellermann nella zona di ingresso, che

---

* Sono parzialmente conservati (in senso orario iniziando dall'angolo di Sud-Ovest): Hertha la madre della terra sul suo carro, il Giorno e la Notte, il padre degli dei Odino con i due corvi Hugin e Munin; Baldur e la sua morte provocata dall'astuzia di Loki, a destra con la rocca per filare la dea Holda; Freyer, il dio della primavera, su un cinghiale, dei nani che costruiscono la nave Skidbladnir, Freya, sorella di Freyr, sul suo carro tirato da gatti; le Valchirie in battaglia e il viaggio verso il Walhalla al comando del dio della guerra Tyr; sulla parete dirimpetto, in direzione Sud: Hela, la dea degli inferi, il drago Nidhöggr, e Loki, il malvagio padre di Hela, in Niflheim; le tre Norne con il frassino al centro del mondo, il filo della vita e lo scudo su cui sono registrate le azioni degli uomini; le Ondine, un grifone che custodisce il tesoro e la battaglia dei Giganti contro i draghi; la danza degli Elfi che sollevano la loro regina, mentre Thor (o Donar) parte sul suo carro tirato da due stambecchi per andare a combattere contro i Troll delle montagne.

34 Sala della Patria (1.02.), 2009

raffigurano la zona delle bianche scogliere e il promontorio di Arkona sull'isola di Rügen, con una tomba megalitica, sono stati recuperati nelle rovine del corpo aggettante di Sud-Est e applicati sulle pareti ricostruite (fig. 35). Dipinti nella tradizione dei quadri del Romanticismo di Caspar David Friedrich e di Karl Friedrich Schinkel, questi paesaggi topograficamente realistici sono al contempo un pendant

35 Konrad Bellermann: Ara sacrificale sull'isola di Rügen, dipinto parietale della Sala della Patria (1.02.), 2009

delle vedute egizie e classiche del Cortile Egizio, della Sala Greca e della Sala Romana. I dipinti di tre lunette della parete Sud rappresentano la cronologia preistorica in forma di tombe principesche dell'età della pietra e dell'età del ferro e di ricchi corredi funerari in oro e bronzo. Sulla parete dirimpetto un fregio raffigura a sinistra il Walhalla, l'Olimpo nordico, con le divinità e gli eroi riuniti a banchetto e a destra la via che scende ad Helheim, gli inferi nordici destinati ad accogliere tutti coloro che non sono morti in battaglia. Non è un caso che il nordico «padre dell'universo», raffigurato al centro con le tavole della salvezza e della pace in alfabeto runico, ricordi Mosè con le tavole della legge ed il Padreterno cristiano, dato che – secondo il principio dell'evoluzione dell'umanità – al germanico crepuscolo degli Dei doveva far seguito qualcosa di nuovo e di più alto, cioè un'epoca di pace cristiana (fig. 36).

36   Gustav Richter: Il Walhalla, il padre dell'universo e gli inferi, dipinto parietale in tecnica stereocromatica nella Sala della Patria (1.02.), 1850/51, 2009

IL GRANDE ATRIO CON LO SCALONE

Il nucleo centrale del Neues Museum è ancor oggi il monumentale atrio con lo scalone, di cui si è già illustrata la funzione storico-filosofica, che occupa l'intera altezza e profondità dell'edificio (2.00.). Il principale mezzo architettonico di cui si servì Stüler fu la teatrale messa in scena delle severe rampe che al primo piano terminavano in una loggia ionica ispirata all'Eretteo dell'Acropoli ateniese. Da qui si accede a destra alla Sala Greca e a sinistra alla Sala Moderna (fig. 37). Tuttavia l'intera dimensione di questo enorme vano si spalanca davanti ai visitatori solo quando, giunti al primo piano, si fa dietro front per percorrere una delle due rampe che corrono parallelamente alle pareti laterali e si incontrano sul pianerottolo superiore (fig. 39).

Le grandi trifore dei risalti sui due lati più stretti illuminano il grande ambiente; tuttavia, almeno nelle fonti fotografiche che riproducono l'assetto originale, l'effetto è quello di una sontuosità policroma piuttosto tetra (figg. 40, 41 e ultima pagina di copertina). L'ascesa del visitatore, calcolata con raffinatezza, aveva un carattere simbolico: dal crepuscolare e severo vestibolo dorico si percorreva la scala in marmo grigio della Slesia, passando accanto al calco del rilievo del-

la Porta dei leoni di Micene (1300 a.C.), e ci si trovava nella grandiosa loggia del primo piano con le sontuose balaustrate in marmo giallo-biancastro e la sua nobile scansione architettonica. Si partiva quindi dalle culture «primitive» e protostoriche, dall'Egitto e dall'Oceania, per giungere nel sublime regno dell'Antichità classica e dell'Evo moderno. Davanti alla balaustrata erano collocate copie delle gigantesche statue dei Dioscuri, i «domatori di cavalli» del Quirinale, le pareti e il soffitto avevano lo scuro splendore del rosso pompeiano. Al culmine delle rampe, sul pianerottolo superiore davanti alla trifora, era collocata una copia policroma in formato ridotto della Loggia delle Cariatidi dell'Eretteo ateniese (V secolo a.C.), eseguita da Friedrich Drake basandosi sulla kore C conservata al British Museum. I suoi resti (fig. 13) furono demoliti nel corso degli interventi di consolidamento sulle rovine del museo. La colonna sostituita da un corpo umano, cioè da una cariatide – uno dei motivi prediletti dal tardo classicismo prussiano, alla metà dell'Ottocento – secondo le teorie artistiche dell'epoca, per esempio nell'ideologia estetica di Friedrich Wilhelm von Schelling, era la quintessenza dell'arte antropomorfa dei greci, accentrata sull'essere umano. Tuttavia l'idea dell'umanità cristiana ed occidentale, alla cui evoluzione storica era dedicato il ciclo pittorico di Wilhelm von Kaulbach sulle pareti, doveva superare questa concezione «pagana». Soprattutto il motivo

37 Il grande atrio con lo scalone (2.00.), 2009, veduta del lato occidentale

VISITA ALL'EDIFICIO

38 Il grande atrio con lo scalone (2.00.), 2009, veduta del lato meridionale

architettonico del soffitto aperto, che risale a Schinkel, accenna all'unità ideale di antichità classica e Cristianesimo (fig. 42). Il tetto a capriate in legno, eseguito ancora come opera di carpenteria per motivi di fisica delle costruzioni e decorato da pantere, cervi, leoni, grifoni e tori in zinco dorato, secondo le concezioni dell'epoca costituiva un'invenzione «greca», ma era già stato adottato come eredità architettonica classica nella tipologia delle basiliche paleocristiane e bizantine e quindi si prestava a simboleggiare visivamente, nel passaggio dall'Atene pagana alla Ravenna cristiana, la continuità delle successive epoche del mondo, cosa che doveva stare particolarmente a cuore al religiosissimo re prussiano (fig. 43).

Nel 1992 la commissione di esperti provenienti dall'Est e dall'Ovest dovette constatare e deplorare all'unanimità

39 Il grande atrio con lo scalone (2.00.), 2009, veduta del lato orientale

IL GRANDE ATRIO CON LO SCALONE 67

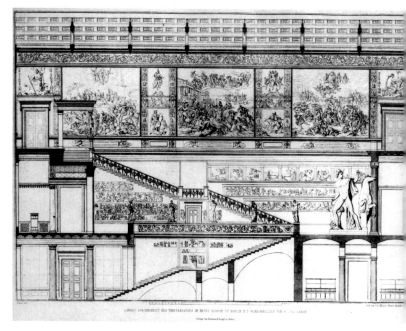

40   Il grande atrio con lo scalone, 1862, sezione verticale, litografia da Friedrich August Stüler

che il grande vano della scala e la sua complessa e differenziata decorazione artistica erano stati completamente divorati dalle fiamme ed erano irrimediabilmente perduti, ma al contempo dichiarò che era impossibile rinunciare alla sua funzione strutturale per l'organismo architettonico dell'edificio e alla scansione dello spazio operata da Stüler con le sue «lunghe e severe rampe» contrapposte. Di conseguenza occorreva affrontare il compito quasi irrisolvibile di creare uno spazio analogo a quello di Stüler, includendovi la sostanza storica conservata e tenendo conto delle attuali premesse ideali e architettoniche, ma senza cadere in una nostalgica imitazione di singoli motivi. Infat-

41 Hedwig Schulz-Voelker: Il grande atrio con lo scalone, intorno al 1910, acquerello, Staatliche Museen zu Berlin, Kupferstichkabinett

42 Karl Friedrich Schinkel: progetto per un palazzo sull'Acropoli, 1834, acquerello, Staatliche Museen zu Berlin, Kupferstichkabinett

ti ogni citazione di singole forme, ben accordate alle altre nel contesto generale originario, avrebbe inevitabilmente comportato una serie di altre imitazioni che alla fine sarebbero state prive di senso. Nella nuova interpretazione di questo vano occorreva innanzitutto sostituire poche forme stabili di grandi dimensioni al tessuto estetico dell'originale, composto di piccoli e multiformi elementi ornamentali. Pertanto le palmette e le rosette filigranate delle ringhiere dorate e le balaustrate di marmo bianco sono state sostituite dalle superfici di pietra artificiale, grandi ma

43 Sant'Apollinare in Classe, Ravenna, VI secolo d. C.

commesse finemente e di un opaco splendore. In sostituzione delle sontuose superfici in brillante rosso pompeiano questi elementi costituiscono un nuovo, ma altrettanto
artificiale, rivestimento a pannelli che, inserito nel vano
grezzo in mattoni a vista, raggiunge un'alta qualità senso-
riale, ad esempio nei corrimano arrotondati. Il rivestimento in pietra artificiale segue e sottolinea le rampe e costituisce una cornice quasi arcaica per il portale originale in legno pregiato della Sala di Bacco, la cui forma è stata pari-
menti ripresa dall'Eretteo (copertina e fig. 39). La severa for-

mulazione dello spazio di Chipperfield contrasta con i muri perimetrali del vano, in mattoni a vista strutturati ritmicamente e privati quasi completamente delle loro decorazioni (gli spazi vuoti fra i mattoni servivano ad arieggiare dal retro le pareti sul cui intonaco erano stati eseguiti i dipinti). Nella parte inferiore del vano oggi sono stati nuovamente applicati i calchi di rilievi antichi[13] che, come ai tempi di Stüler, conferiscono all'ambiente il carattere di un lapidario anticheggiante.

Nella Alte Nationalgalerie sono tuttora conservati i disegni preparatori su cartone, a grandezza naturale, dei dipinti di Kaulbach andati distrutti; tuttavia, dopo lunghe discussioni, è stata respinta l'idea di applicarli nella parte superiore del vano delle scale, così come è stata respinta la proposta di far eseguire una nuova versione dei dipinti da un artista contemporaneo. Bisogna ammettere sinceramente che una decorazione puramente formale non renderebbe giustizia all'ambiente, ma che d'altronde al giorno d'oggi un messaggio programmatico sarebbe molto discutibile. Un esito negativo ha avuto anche il tentativo di ricostruire la Loggia delle Cariatidi alla sommità della scala, in ossequio al desiderio di una memoria storica. Una prova eseguita con un campione ha dimostrato che la riproduzione di un esemplare capolavoro greco nel contesto della nuova interpretazione artistica non solo sarebbe stata del tutto incoerente, ma anche immotivata, in mancanza di un adeguato contorno estetico e teorico.

La perdita del soffitto aperto in legno a capriate ha costituito una sfida particolarmente difficile per l'architetto. Non era possibile ripetere semplicemente o trasporre in materiali moderni questa idea del classicismo, carica delle teorie architettoniche dell'epoca, né il suo effetto decorativo e aereo come una filigrana. D'altra parte chiudere la grande altezza e l'enorme volume di questo vano con un

VISITA ALL'EDIFICIO

44   Costruzione a terrazze del Tempio di Kiyomizu, Kyoto, XVII secolo

semplice soffitto piatto sarebbe stato poco convincente.
Chipperfield ha scelto quindi una costruzione in legno,
aperta, profonda e pesante, costituita da massicce travi qua-
drangolari che sorreggono il guscio del tetto a capanna leggermente sopraelevato. Gli spunti per questo tipo di soffitto non derivano dalla Grecia, ma dall'arte giapponese delle
costruzioni in legno, per esempio dal Todai-Ji, un tempio di
Buddha risalente al XII secolo, presso Nara, forse l'edificio in
legno più monumentale in tutta la storia dell'architettura,
oppure dalle terrazze del seicentesco tempio Kiyomizu a
Kyoto (fig. 44). Chipperfield, che dalla fine degli anni '80 ha

costruito anche in Giappone, anzi proprio a Kyoto, ha trasposto nel Neues Museum il possente effetto di queste terrazze. E in effetti è proprio questo soffitto, che a una prima occhiata può sembrare troppo massiccio, a conferire all'ambiente la necessaria «gravità», non solo nel senso della pesantezza, ma anche in quello di una dignità non priva di pathos.

Naturalmente il grande atrio, nella sua nuova forma senza compromessi, costituisce uno choc per tutti coloro che avrebbero desiderato un ritorno all'immagine architettonica del 1862, sontuosa ma tutt'altro che innocente dal punto di vista ideologico ed estetico. Tuttavia esso affascina subito l'osservatore con la sua nuova espressività formale ed emotiva e lo sfida al ricordo e al confronto critico con gli strati distrutti di questo monumento.

VISITA DEL PRIMO PIANO

L'intera sequenza di magnifiche sale del primo piano «era destinata all'esposizione di una raccolta il più possibile completa di calchi in gesso delle migliori opere dell'antichità classica, del Medioevo e delle epoche seguenti, in modo da fornire una sintesi di storia della scultura mediante i suoi capolavori».[14] Dal loggiato ionico dell'atrio si accedeva a destra nella Sala Greca (2.08.), riservata ai capolavori dell'arte greca, fra cui una ricostruzione policroma del timpano del tempio di Egina, eseguita da Carl Boetticher, e i calchi del fregio del Partenone trasportato da Lord Elgin nel British Museum di Londra all'inizio dell'Ottocento. L'ambiente era sovrastato per tutta la larghezza da capriate in ferro riccamente decorate e, come il Cortile Egizio, presentava in dieci grandi dipinti parietali paesaggi archeologici della Grecia. Completamente distrutto, è stato sostituito da Chipperfield con una sala dotata di un austero soffitto a tra-

45 Sala Greca (2.08.), 2009

vi in calcestruzzo senza sostegni (fig. 45). Procedendo in senso orario, a questa sala faceva seguito un piccolo ambiente di passaggio in cui era collocata la copia in gesso del famoso gruppo del Laocoonte. Oggi si passa direttamente nella Sala di Apollo, che un tempo ospitava il calco dell'Apollo del Belvedere e oggi opere della collezione di Amarna. La sala è stata ricostruita ex-novo con grandi, «eroici», blocchi di pietra artificiale (2.09., fig. 46). A destra, attraverso un ponte si raggiunge la piattaforma del Cortile Egizio sottostante, un «santuario» in cui sono esposti i ritratti della famiglia del re Echnaton (fig. a p. 96).

46   Sala di Apollo (2.09.), 2009

Uno stretto corridoio conduce all'ottagonale Sala con Cupola (Nord; 2.10.), un ambiente che comprende i due piani superiori e che, con il suo lucernario sovrastato da una lanterna in ferro e la ricca decorazione delle pareti, in parte conservata, fa ancor oggi l'effetto di un antico sacrario romano (fig. 47). Le nicchie lungo gli assi diagonali hanno la forma di conche semicircolari, mentre quelle lungo gli assi ortogonali sono rettangolari. Ad eccezione dei due portali verso la Sala di Apollo e verso la Sala dei Niobidi esse ospitavano delle statue su uno sfondo verde porfido. Le lunette presentano i resti di raffigurazioni di imprese

47   Sala con Cupola (Nord) (2.10.), 2009, con il busto di Nefertiti

eroiche, nel complesso tutte allegorie della vittoria della civilizzazione sulla natura rozza e demoniaca: Ercole cattura la cerva di Cerinea, Bellerofonte in groppa a Pegaso uccide la Chimera, Perseo libera Andromeda e Teseo uccide il Minotauro. Nei cassettoni della cupola si possono identificare genietti che giocano con animali consacrati agli dei e con i loro attributi. Oggi qui, nel punto di fuga di due assi prospettici, è collocato il famosissimo busto della regina Nefertiti.

L'ambiente storico meglio conservato del Neues Museum è la seguente Sala dei Niobidi (2.11.) così chiamata dalla copia del gruppo scultoreo di Niobe e dei suoi quattordici figli morenti che vi era esposta (l'originale si trova agli Uffizi di Firenze). Ai lati del portale interno si ergono due korai eseguite sul modello di quelle di Villa Albani a Roma. Dello stesso motivo si era servito anche Leo von Klenze per il portale verso la Sala Romana della Glittoteca di Monaco. L'iscrizione, tratta da Eschilo, PROMETEO HA CREATO OGNI ARTE PER I MORTALI si riferisce all'arte come prerogativa essenziale dell'umanità. Anche la citazione dall'*Antigone* di Sofocle nell'iscrizione del portale dirimpetto, verso la Sala di Bacco, sottolinea l'importanza della creazione artistica degli uomini: MOLTI SI DANNO PRODIGI, E NIUNO MERAVIGLIOSO PIÙ DELL'UOMO. Dieci capriate in ferro riccamente ornate da figure in zinco dorato vanno da una parete all'altra e sorreggono gli arcarecci in ferro sul quale posa la volta ad arco ribassato (fig. 48). Secondo la teoria tettonica del Bötticher, i punti di ancoraggio dei tiranti sono mascherati da mensole prive di una funzione statica. I tiranti hanno la forma di corde ritorte per illustrare meglio la loro forza di trazione. Le volte sono ricoperte da una tappezzeria che riproduce in forma stilizzata il soffitto sottostante a pignatte in laterizio. Durante il restauro tale tappezzeria è stata integrata, ma in modo da lasciar distinguere le parti originali e quelle nuove. La parte inferiore delle pareti è tinteggiata in rosso pompeiano; le zone danneggiate sono state assimilate al colore originale. Lungo la parte superiore si snoda un fregio ben conservato costituito da 21 raffigurazioni di saghe dell'antichità classica, in parte su modelli del pittore classicista Bonaventura Genelli (fig. 49).[*] Nella Sala dei Niobidi oggi è esposta su quattro lunghi tavoli la «Bi-

48   Sala dei Niobidi (2.11.), 2009, sullo sfondo la Sala con Cupola (Nord)

blioteca antica», cioè papiri, pergamene, codici e manoscritti miniati, dai classici egizi fino ai manoscritti medioevali del Corano.

* Orfeo agli inferi; Cadmo uccide il drago; Ipsipile scopre Ofelte/Archemoro ucciso da un serpente; Mercurio addormenta Argo; Antigone guida il padre Edipo scacciato da Atene; Pelope e Ippodamia dopo la vittoria nella corsa dei carri; Tantalo e Sisifo nell'Ade; Giasone e Medea con il vello d'oro e il drago ucciso; Diana salva Ifigenia dal sacrificio; Achille, accanto al corpo di Patroclo, riceve da Teti una nuova armatura; Ulisse viene salvato dal velo di Leucotea; Enea fugge da Troia in fiamme con Anchise e Ascanio; Dedalo costruisce le ali per Icaro; Prometeo incatenato sullo scoglio; Romolo con l'aratro; Aiace irato; Meleagro consegna ad Atalanta la testa del cinghiale calidonio; Peleo rapisce Teti; Hyllos, figlio di Ercole, porta a sua madre la testa di Euristeo; Cecrope adora la statua di Atena; Chirone educa Achille.

49   Sala dei Niobidi (2.11.), veduta parziale dei dipinti parietali, stato nel 1943

A metà della visita, dietro il bel portale ligneo del grande atrio con le scale, si trova la Sala di Bacco (2.01.), la cui parte più bassa, sotto il pianerottolo del secondo piano, è sostenuta da un'arcata, mentre quella più alta, verso la trifora, presenta un soffitto piatto. Si sono conservati resti della decorazione pittorica in forma di un pergolato di viti su sfondo violetto e i piloni presentano bei motivi a grottesca. Attraverso due colonne pompeiane con mosaici dipinti si accede alla Sala Romana (2.02.). Frammentariamente conservate sono le decorazioni policrome con quattro nicchie su sfondo verde muschio lungo la parete verso il cortile. L'ambiente ha dei bellissimi portali in stucco ed è scandito

50   Sala Romana (2.02.), 2009

da sei colonne ioniche in marmo di Boemia che reggono
arcate a tutto sesto. Le volte a botte ribassata disposte tra-
sversalmente fra le arcate sono costruite col sistema delle
pignatte in laterizio (fig. 50) e rivestite con stuccature rom-
boidali azzurro chiaro su modelli derivanti da Baalbek e dal

Palazzo di Diocleziano a Spalato. Il soffitto per lo più è originale, parte delle strutture geometriche sono state ridisegnate. Il pavimento in mosaico è stato restaurato ed integrato. Lungo la parte superiore delle pareti corrono seducenti vedute di città, paesaggi e architetture romane dipinte da Eduard Pape per illustrare i rapporti topografici e storici con le opere d'arte che erano esposte nella sala. Le vedute sono state accuratamente conservate, ma restaurate con gran parsimonia (figg. 51, 52).*

È andata completamente distrutta la Sala con Cupola (Sud), in origine un ambiente particolarmente prestigioso, con cupola a lucernario su pennacchi e monumentali lunette con raffigurazioni delle svolte storiche fra l'antichità classica e il mondo cristiano.** Verso Sud una parete asimmetrica abilmente dissimulata da uno schermo di colonne conduceva al ponte che collegava il Neues Museum all'Altes Museum. Nel corpo aggettante di Sud-Est, completamente ricostruito in forma moderna, David Chipperfield ha inserito, oltre ad un ascensore per disabili, a scale di emergenza e ad ambienti per attrezzature tecniche, una Sala con cupola in mattoni a vista di concezione completamente nuo-

---

* Si sono conservate le seguenti vedute: il Foro Traiano, il Foro Romano, il Palatino con il Circo Massimo, l'Arco di Costantino, la Porta Nigra a Treviri, lo Stibadium nel Tuscum di Plinio, la Porta di Pompei. Sono andate perdute: il Colombario di Livia Augusta, la Tomba dei Plauzi presso Tivoli, il Tempio della Sibilla a Tivoli, il Tempio di Iside a Pompei, il Foro di Pompei, l'Isola di Esculapio (Isola Tiberina), la Villa Tiburtina di Traiano (Villa Adriana), le Terme di Caracalla, il tempio di Palestrina, l'interno della Tomba degli Scipioni sulla via Appia.

**L'imperatore Costantino riconosce il Cristianesimo; l'imperatore Giustiniano inaugura Santa Sofia a Costantinopoli nel 549; Teodorico accoglie a Ravenna gli inviati di diversi popoli; la pace fra Wittekind, duca di Sassonia, e Carlo Magno (su disegno di Wilhelm von Kaulbach). Nei tondi su sfondo dorato erano raffigurate le quattro virtù cardinali con le allegorie delle principali città del Medioevo: Roma, Gerusalemme, Bisanzio e Aquisgrana.

51/52   E. Pape: Il Palatino e il Circo Massimo a Roma, dipinto parietale nella Sala Romana; in alto: situazione nel 1943; in basso: situazione nel 2008

53 Sala con Cupola (Sud) (2.03.), 2009

VISITA ALL'EDIFICIO

54 Sala del Medioevo (2.04.), 2009, sullo sfondo la Sala con Cupola (Sud)

va (2.03.). L'ambiente a pianta quadrata, che si sviluppa impercettibilmente in una cupola semisferica con opaion circolare, fa un effetto arcaico e prende luce da una lanterna a vetri (fig. 53).

Da qui si accede a quella che era la Sala del Medioevo (2.04.), le cui nove cupole ribassate su colonne ioniche e pilastri ripetono la struttura della sala sottostante (fig. 54). In origine la sala era decorata con ritratti degli imperatori medioevali; si sono conservati quelli di Massimiliano I e di Carlo IV del Lussemburgo. L'esedra di nuova costruzione riprende il suggestivo motivo delle nicchie illuminate dall'alto (fig. 16), che aveva dato il carattere di una cappella a questo ambiente in cui un tempo erano esposte opere dell'arte religiosa medioevale.

55 Sala Moderna (collezione di calchi), 1862, litografia da Friedrich August Stüler

Un vano separato all'angolo di Sud-Ovest, in origine la «Stanza di Berndward» (2.05), dedicata all'omonimo vescovo di Hildesheim, uomo di grande sensibilità artistica, oggi svolge la funzione di «frammentario», ideata da Martin Reichert, uno degli architetti del progetto: alle pareti sono stati applicati pezzi di spoglio e ornamenti architettonici di grandi dimensioni, mentre negli originali conservati delle bacheche di Stüler sono esposti altri pezzi ritrovati nelle rovine del museo ma non più utilizzabili, ornamenti in ferro e in zinco, mosaici pavimentali, frammenti dei dipinti parietali di Kaulbach, pignatte in laterizio provenienti dai soffitti e terrecotte.

56 Sala Moderna (2.06.), 2009

57 Sala Moderna, 2005

Con la Sala Moderna (2.06.) terminava in origine il percorso storico-artistico del museo. Come nella sala corrispon-
dente della Glittoteca di Monaco, anche qui i calchi di opere famose eseguite dal Rinascimento all'Ottocento (periodo
che allora veniva ancora visto come un'epoca unitaria) di-
mostravano la sopravvivenza, o meglio la nuova fioritura,
dell'eredità artistica antica e medioevale. Per mezzo di sei
coppie di colonne ioniche con archi a tutto sesto e pareti
trasversali a mezza altezza l'ambiente in origine era suddi-
viso in cabine, «secondo le scuole e le epoche», piene zeppe
di statue e di rilievi (lo stesso sistema era stato usato da

Schinkel nella pinacoteca dell'Altes Museum e da Klenze nell'Eremitage di San Pietroburgo). Dopo i drammatici danni subiti, oggi la sala ha riacquistato in gran parte la sua forma storica (figg. 55, 56, 57). Il calco in gesso della Porta del Paradiso del Ghiberti nel Battistero di Firenze è stato nuovamente esposto nella sua collocazione originale lungo la parete Sud.

VISITA DEL SECONDO PIANO

Salendo le imponenti rampe dello scalone si giunge al secondo piano che in origine ospitava nell'ala Nord il gabinetto delle stampe (Kupferstichkabinett) e in quella Sud (fino al 1875) le Kunstkammer. I soffitti erano tutti costituiti da leggere costruzioni in ferro, i pavimenti – in conformità al minor afflusso di pubblico – erano in parquet. Oggi, ad eccezione dei pavimenti originali conservati nella Sala a Stella e nella Sala della Maiolica, il parquet è stato sostituito da doghe di quercia. L'ornamentazione era fortemente ridotta rispetto a quella del pianterreno e del primo piano.

Oggi il secondo piano è dedicato completamente alla raccolta preistorica e protostorica, la cui presentazione si inserisce armoniosamente in questa sequenza di sale più neutre. Dal pianerottolo superiore, che offre una suggestiva vista dall'alto dell'atrio e dello scalone, si accede a sinistra alla Sala Rossa (3.11.) che, con le sue pareti restaurate in rosso pompeiano e i tiranti dorati del soffitto, costituisce una versione semplificata della sottostante Sala dei Niobidi (fig. 58). La prima campata, da cui parte la scala che conduce in soffitta, è separata dalle altre ed era l'ufficio del custode addetto alla distribuzione delle incisioni e dei disegni nella sala di consultazione del gabinetto delle stampe. Qui si possono osservare le capriate in ferro ideate da Stüler nella loro forma essenziale, priva di ornamenti. La Sala Rossa, un

58   Sala Rossa (3.11.), 2009

tempo decorata dai ritratti di famosi maestri del disegno e della grafica, è stata oggi arredata con alte vetrine del tardo Ottocento, provenienti dal Museo di Arti Applicate, che permettono di farsi un'idea della presentazione museale originale. Nella nicchia sulla parete di fondo è stato ricollocato il busto di Albrecht Dürer scolpito da Christian Daniel Rauch.

Si passa poi nell'ala ricostruita in forma moderna. Dalla Sala Verde (3.09.) si può osservare il Cortile Egizio dall'alto. L'attigua galleria moderna (3.08.; un tempo Sala Azzurra) presenta finestre su entrambi i lati; la prima campata è sta-

VISITA ALL'EDIFICIO

59 Kunstkammersaal occidentale (3.06.), 2009

ta separata per creare un'analogia con l'assetto originario:
qui un tempo si trovava l'ufficio del direttore. In questa sala
in origine erano conservati e, su richiesta, messi a disposizione degli interessati i circa cinquecentomila fogli dell'imponente raccolta grafica berlinese.

Attraverso la galleria ionica, da cui si può di nuovo godere la spettacolare veduta delle scale, si giunge alla Kunstkammer occidentale (3.06.), che un tempo custodiva «le curiosità e i prodotti dell'industria artistica, del Medioevo e
dell'Evo Moderno, splendide opere in avorio e in legno inta-
gliato, vetri rari, porcellana, ecc.». Al posto dei sostegni origi-

60 Sala a Stella (3.05.), 2009 con il Berliner Goldhut (il »Cappello d'oro«
di Berlino)

nali in ghisa, distrutti e non riproducibili dal punto di vista
moderno, sono stati usati pilastri in cemento armato, rastre-
mati verso il basso, che sorreggono il soffitto a travi di calcestruzzo e ricordano vagamente il classicismo poco ortodos-
so di Josef Plečnik nelle sale presidenziali del Hradschin di
Praga e nella Biblioteca di Lubiana, risalenti agli anni '20 e '30
del Novecento (fig. 59).

Si è già parlato, a proposito della sua ricostruzione, della Sala a Stella (3.05.) con il suo insolito soffitto a volta
Rabitz, che in certo qual modo era stata concepita come
esempio di un «period-room» per ospitare i tesori di arte
religiosa (fig. 60). Il soffitto dell'attigua Sala delle Maioliche

VISITA ALL'EDIFICIO

61   Sala della Maiolica (3.04.), 2009

(3.04.) ripete quelli delle sottostanti sale a cupole ribassate. L'effetto di questa sala è determinato dalle «forme nu-
cleari», per così dire, delle capriate in ferro e delle cupole in
laterizio, che qui si sono conservate e, nella loro semplice
estetica dei materiali, fanno un effetto moderno (fig. 61).
Passando attraverso uno snodo di congiunzione nel mo-

derno corpo aggettante di Sud-Est si accede all'ultimo ambiente della visita, la Kunstkammer orientale (3.02.) che, a
causa dei gravissimi danni subiti dalla zona del tetto, si presenta anch'essa come una creazione nuova e caratteristica
sia nei materiali che nel linguaggio formale.

62   David Chipperfield: schizzo per il Neues Museum

VISITA ALL'EDIFICIO

IN LODE DEI RISULTATI RAGGIUNTI

La ventennale disputa sulla sua ricostruzione, combattuta con scrupolosità teutonica e senza risparmio di colpi, ha fatto del Neues Museum un pomo della discordia ideologico sul giusto modo di fare i conti con la storia. Sicuramente il museo continuerà ad agitare gli animi, dato che nessuno dei suoi visitatori riesce a sottrarsi al fascino esercitato dalla sua atmosfera al contempo storica e modernissima. In epoca recente rimane senza termini di paragone l'intensità con cui si è lottato per dar forma a questo monumento architettonico e per esaudire le sue multiformi esigenze. Il risultato del procedimento usato dagli architetti, dai restauratori e dai museologi[15] – pianificazione razionale e riflessione metodica, ma anche valutazione artistica intuitiva – è indubbiamente un nuovo Neues Musem che subentra a quello di Stüler, ma che ne raccoglie anche l'eredità. Infatti la sua sostanza storica e il suo concetto artistico sono stati conservati nella loro forma autentica, ma allo stesso tempo sono stati trasposti in una nuova identità. Questa attualizzazione del monumento è anche conforme al moderno concetto museale del valore, del significato e della esposizione delle opere d'arte e degli orizzonti spirituali presentati nel Neues Museum: la messa in scena dei tesori artistici in questi ambienti esprime in modo completamente nuovo le affinità e lo sviluppo delle culture, il potere del tempo e della storia e il suo superamento da parte dell'immediata evidenza dell'arte.

APPENDICE

GLI ARCHITETTI

Friedrich August Stüler

Stüler nacque nel 1800 a Mühlhausen, studiò dal 1818 al 1827 presso la Berliner Bauakademie e al termine degli studi fu per breve tempo collaboratore di Karl Friedrich Schinkel, di cui condivise e proseguì gli intenti. Fu uno dei fondatori del Berliner Architektenvereins (1824) e fra il 1829 e il 1831 intraprese viaggi in Francia, in Italia e in Russia. Nel 1832 fu nominato consigliere architettonico della corte di Prussia e nel 1842 architetto del re. Fra le sue opere più importanti vanno ricordate, oltre al progetto generale dell'«Asilo per l'arte e la scienza» che comprende il Neues Museum e la Nationalgalerie (progetti preparatori), la chiesa dei SS. Pietro e Paolo a Nikolskoe (1833–1836), la cupola e la cappella del Castello di Berlino (Berliner Stadtschlosses) (1845–1853), l'Università di Königsberg (1843–1862), l'ospedale di Bethanien a Berlin-Kreuzberg (oggi Casa degli Artisti), la chiesa di S. Matteo a Berlin-Tiergarten (1844–1866), il Museo Nazionale di Stoccolma (1847–1866), il castello dell'Orangerie a Potsdam (1850–1860), le caserme della Garde-du-Corps di fronte al castello di Charlottenburg a Berlin-Charlottenburg (1851–1859; oggi Museum Berggruen e Collezione Scharf-Gerstenberg), l'ex Wallraff-Richartz-Museum a Colonia (1855–1861) e l'Accademia delle Scienze di Budapest (1862–1865). Portò a termine edifici di Schinkel e di Persius, come la chiesa di S. Nicola e la Friedenskirche a Potsdam. Inoltre molti altri edifici e ristrutturazioni, decorazioni di interni e restauri di più di 300 chiese, dozzine di castelli, ville, abitazioni e uffici, nonché monumenti e tombe, caserme e stazioni ferroviarie a Berlino, nel Brandeburgo e in tutte le province prussiane, compresa la Renania e la Slesia (oggi in Polonia). Stüler, che morì a Berlino nel 1865, fu uno dei più importanti architetti tedeschi dell'epoca di transizione fra il classicismo e lo storicismo.

David Chipperfield

David Chipperfield è nato a Londra nel 1953 e ha studiato presso la Kingston School e la Architectural Association di Londra. Terminati gli studi ha lavorato con Douglas Stephen, Richard Rogers e Norman Foster. Nel 1984 ha aperto il suo studio. Oggi presso i David Chipperfield Architects di Londra, Berlino, Milano e Shanghai lavorano oltre 150 collaboratori. Lo studio ha vinto più di quaranta concorsi nazionali e internazionali ed ha ricevuto numerosi premi ed onorificenze internazionali, fra cui il RIBA Stirling Prize del 2007. David Chipperfield insegna sia in Europa che negli USA. Fra le opere più importanti da lui create in Germania vanno annoverati, oltre al Neues Museum di Berlino, il Museo della letteratura moderna presso l'Archivio letterario tedesco a Marbach (2006), la Galleria d'arte sul Kupfergraben a Berlino e l'ampliamento del Folkwangmuseum di Essen, iniziato nel 2007.

Julian Harrap

Julian Harrap è nato nel 1942 ad Essex in Gran Bretagna. Ha studiato architettura a Londra presso Sir Lesley Martin, Sir James Sterling e Colin St John Wilson. Dopo sei anni di pratica, ha iniziato a lavorare come libero professionista. Julian Harrap dispone di eccezionali conoscenze, di uno straordinario talento per la pianificazione e di grande sensibilità per le tecniche ed i materiali usati per la conservazione di edifici storici. È stato membro di commissioni di tutela di organizzazioni culturali della Gran Bretagna e tiene regolarmente lezioni in tutta Europa sulla teoria e la tecnica del restauro conservativo. Da dieci anni Harrap è consigliere della Royal Academy per gli edifici storici. Ha svolto incarichi importanti, fra l'altro per il Sir John Soane's Museum a Londra, per il Pitzhanger Manor, e per edifici di Hawksmoor, Vanbrugh, Sir Charles Barry e John Nash.

BIBLIOGRAFIA

Friedrich August Stüler: Bauwerke von A. Stüler, parte I, Das Neue Museum in Berlin (24 tavole), Berlin 1862.

Richard Lepsius: Königliche Museen. Abtheilung der Ägyptischen Alterthümer: Die Wandgemälde der verschiedenen Räume, Berlin 1855.

Günther Schade: Die Berliner Museumsinsel. Zerstörung, Rettung, Wiederaufbau, Berlin 1986.

Werner Busch: Wilhelm von Kaulbach – peintre-philosophe und modern painter. Zu Kaulbachs Weltgeschichtszyklus im Berliner Neuen Museum, in: Hegel-Studien, suppl. 27, Welt und Wirkung von Hegels Ästhetik, Bonn 1986, pp. 117–138.

Hartmut Dorgerloh: Die museale Inszenierung der Kunstgeschichte. Das Bild- und Ausstattungsprogramm des Neuen Museums zu Berlin, tesi di laurea presso la Humboldt-Universität di Berlino 1987

M. Mutscher: Das Neue Museum von F. A. Stüler als ein Höhepunkt der klassizistischen Architekturentwicklung. Ein Beispiel für neue Baugestaltungs- und Konstruktionsziele des 19. Jahrhunderts, 2 voll., tesi di dottorato presso la Technische Universität di Dresda 1988.

Hartmut Dorgerloh:›Eine Schöpfung von großem Reichthum poetischer Erfindung‹ – der Relieffries ›Die Zerstörung Pompejis‹ von Hermann Schievelbein im Griechischen Hof des Neuen Museums, in: Staatliche Museen zu Berlin (a cura di): Forschungen und Berichte, 31 (1991), pp. 281–292.

Annemarie Menke-Schwinghammer: Weltgeschichte als Nationalepos. Wilhelm von Kaulbachs kulturhistorischer Zyklus im Treppenhaus des Neuen Museums in Berlin, Berlin 1994.

Senatsverwaltung für Stadtentwicklung und Umweltschutz (a cura di): Das Neue Museum in Berlin. Ein denkmalpflegerisches Plädoyer zur ergänzenden Wiederherstellung, Berlin 1994 (= Beiträge zur Denkmalpflege in Berlin, fasc. 1).

Museumsinsel Berlin – Wettbewerb zum Neuen Museum, edito dalla Bundesbaudirektion, Stuttgart/Berlin/Paris 1994.

Thomas Gaehtgens: Die Berliner Museumsinsel im deutschen Kaiserreich, München 1992.

Stülers Neues Museum und die Spreeinsel als Forum für die preußische Residenzstadt (Contributi di Hartmut Dorgerloh, Monika Wagner,

Werner Lorenz, Anke Borgmeyer, Jörg Haspel e.a.) in:
Berlins Museen – Geschichte und Zukunft, edito dal Zentralinstitut
für Kunstgeschichte, München, München/Berlin 1994, pp. 79–154.

Werner Lorenz: Stülers Neues Museum – Inkunabel preußischer Kons-
truktionskunst im Zeichen der Industrialisierung, in:
Zentralinstitut für Kunstgeschichte München (a cura di): Berlins
Museen, Geschichte und Zukunft, München 1994, pp. 99–112

Eva Börsch-Supan: Das Neue Museum in Berlin. Über den Umgang mit
einem Baudenkmal, in: Die Denkmalpflege, anno 53, fasc. 1, 1995,
pp. 5–21.

Kunstchronik 1997/98 (Adrian von Buttlar: Erhaltungsziel Museumsinsel,
8/1997, pp. 391–396; Dietrich Wildung: Der Denkmalbegriff eines
Denkmalpflegers, 12/1997; pp. 679–681; Achim Hubel: Der Denkmalbegriff eines Archäologen?, 1/1998, pp. 45–46).

Eva Börsch-Supan, Dietrich Müller-Stüler: Friedrich August Stüler
1800–1865, München/Berlin 1997.

Staatliche Museen zu Berlin – Stiftung Preußischer Kulturbesitz (Andres
Lepik) (a cura di): Masterplan Museumsinsel Berlin. Ein europäisches
Projekt, Berlin 2000.

Elsa van Wezel: Die Konzeptionen des Alten und Neuen Museums zu Berlin und das sich wandelnde historische Bewußtsein (=Jahrbuch der
Berliner Museen, 43/2001, suppl.), Berlin 2004, parte II, pp. 111–222.

Falk Jäger: Intervention auf leisen Sohlen – der Londoner Architekt David
Chipperfield, und: Gedanken von David Chipperfield zum Masterplan, in: Carola Wedel (a cura di): Die neue Museumsinsel, Der My-
thos – der Plan – die Vision, Berlin 2002, pp. 144–148 e 148–156.

David Chipperfield, Das Neue Museum, in: Jahrbuch Preußischer Kulturbesitz, vol. 40, Berlin 2003, pp. 83–107.

Id. (a cura di), Neues Museum – Dokumentation und Planung, Berlin 2003.

Das Neue Museum in Berlin – Konzeption der Gesellschaft Historisches
Berlin zum Wiederaufbau der Treppenhalle (Testo: Christa Sammler),
Gesellschaft Historisches Berlin 2005

Eva Heinecke: Studien zum Neuen Museum in Berlin 1841–1860, Bau-
geschichte – Verantwortliche – Nordische und Ägyptische Abteilung
– Geschichtskonzept, tesi di dottorato presso la Technische Universität di Berlino 2006, non pubblicata.

Bénédicte Savoy (a cura di): Tempel der Kunst – Die Geburt des öffent-
lichen Museums in Deutschland 1701–1815, Mainz 2006.

Das Neue Museum, Berlin. Der Bauzustand um 1990 / Fotografie di
Andres Kilger; testo di Bernhard Maaz, Berlin 2009

Das Neue Museum (Berlin), in: Wikipedia
http://de.wikipedia.org/wiki/Neues_Museum_(Berlin)

Das Neue Museum in Berlin (contributi di Kaye Geipel, Jürgen Tietz, Niko-
laus Bernau, Georg Mörsch) in: Bauwelt 13 (2009), pp. 14–37.

Staatliche Museen zu Berlin – Stiftung Preußischer Kulturbesitz,
*The Neues Museum Berlin: conserving, restoring, rebuilding within the
World Heritage*, ed. Oliver G. Hamm, Leipzig, 2009.

Staatliche Museen zu Berlin – Stiftung Preußischer Kulturbesitz/
Elke Blauert (a cura di): Neues Museum. Architektur, Sammlung,
Geschichte, Berlin 2009.

NOTE

[1] Leo von Klenze, *Aphoristische Bemerkungen, gesammelt auf seiner Reise in
Griechenland – mit einem Tafelatlas*, Berlin 1838; dipinto dell'Eremitage, San
Pietroburgo, (1835). Adrian von Buttlar, *Leo von Klenze, Leben, Werk, Vision*,
München 1999.

[2] Nel 1868 Boetticher (1806–1889) divenne direttore della raccolta di sculture e quindi anche di quella dei calchi in gesso conservati nel Neues Museum.

[3] Gli altri quattro temi sono: Omero e la fioritura della Grecia, la distruzione
di Gerusalemme, la battaglia contro gli Unni e i Crociati davanti a Gerusalemme. Inoltre vi sono raffigurate su sfondo dorato le allegorie della Saga,
della Storia, dell'Arte e della Scienza e i ritratti di grandi legislatori: Solone
con Venere, Mosè con Iside, Carlo Magno con un'Italia e Federico II di Svevia
con una Germania.

[4] Della commissione facevano parte Ernst Badstübner, Hartmut Dorgerloh,
August Gebeßler, Thomas Mader, Helmut F. Reichwald, Manfred Schuller e
Wolfgang Wolters.

[5] Rappresentata dai soprintendenti Jörg Haspel, Frank Pieter Hesse e Nor-
bert Heuler.

[6] Presidente del BBR (ufficio statale per l'edilizia): Florian Mausbach; peri-
to: Barbara Große-Rhode; direttore del progetto: Eva Maria Niemann.

[7] Il direttore del design Alexander Schwarz, gli architetti del progetto Martin Reichert ed Eva Schad, nonché il direttore del progetto nell'ambito della conservazione e del restauro, Wulfgang Henze (BBR), e numerosi esperti restauratori e ditte specializzate.

[8] Cfr. al proposito il volume miscellaneo pubblicato nel 2009 *Neues Museum – Konservieren, Restaurieren, Weiterbauen im Welterbe*.

[9] Da Elsa van Wezel 2001.

[10] Sono invece andate distrutte le raffigurazioni del tempio di Athor e del Typhonium a Dendera, del Ramesseum e dei colossi di Memnone a Tebe, del tempio a Gerf Hussein, delle tombe rupestri a Beni Hasan e delle piramidi di Gizeh nonché una veduta di Meroe.

[11] Plutone, il dio degli inferi, troneggia sul Vesuvio, raffigurato come un mostro, mentre Elio, il sole, e Luna fuggono dalle tenebre sui loro carri. Il rilievo si basava sul romanzo popolare di Edward Bulwer Lytton (1803–1873) *Gli ultimi giorni di Pompei*, pubblicato nel 1836 a Londra e nel 1937 a Potsdam in traduzione tedesca con un commento di Friedrich Förster, un collaboratore delle Kunstkammer. Secondo l'ideologia di quegli anni la catastrofe veniva interpretata come la svolta dal mondo antico e pagano a quello cristiano.

[12] I dipinti si basavano su Jacob Grimm, *Deutsche Mythologie*, Berlin 1834/1844 e August Schrader, *Germanische Mythologie*, Berlin 1843, ed erano stati eseguiti da Robert Müller, Gustav Heidenreich e Gustav Richter, con correzioni di Wilhelm von Kaulbach.

[13] Metope e parti del fregio del Partenone e del tempio di Efesto ad Atene, del Mausoleo di Alicarnasso e del monumento delle Nereidi a Xanthos.

[14] Stüler 1862

[15] Dietrich Wildung (Museo egizio e collezione di papiri), Andreas Scholl, Martin Maischberger (Museo greco-romano), Wilfried Menghin, Matthias Wemhoff (Museo della pre- e protostoria).

REFERENZE FOTOGRAFICHE

Fig. p. 2 Grande atrio con lo
    scalone (2.00.), 2009

Fig. p. 4 Veduta della Sala con
    Cupola (Nord) (2.10.) dalla
    Sala dei Niobidi (2.11.), 2009

Fig. p. 96 Veduta della piattaforma
    del Cortile Egizio (2.12.)

© Jürgen Albrecht
    Figg. 25, 53

© bpk / Reinhard Görner
    Figg. 48, 50, 61, fig. p. 2

© bpk / Achim Kleuker
    Figg. 38, 45, 58

© bpk / Andrea Kroth
    Fig. 46

© bpk / Kunstbibliothek, SMB /
    Dietmar Katz
    Fig. 56

© bpk / Kupferstichkabinett, SMB
    Fig. 3

© bpk / Kupferstichkabinett, SMB /
    Jörg P. Anders
    Figg. 2, 11, 41, 42

© bpk / Linus Lintner
    Figg. 29, 47, fig. p. 96

© bpk / Hermann Rückwardt
    Fig. 4

© bpk / Scala
    Fig. 43

© bpk / Stiftung Preußischer
    Kulturbesitz, ART+COM
    Fig. 15

© bpk / Zentralarchiv, SMB
    Figg. 7, 9, 13, 40

© bpk / Zentralarchiv, SMB /
    Knud Petersen
    Fig. 14

© Jörg von Bruchhausen
    Fig. 10, 23, 24, 30, 34, 54

© Adrian von Buttlar
    Fig. 44

© David Chipperfield Architects
    Figg. 5, 21, 27, 36, 62

© Otto Cürlis / Zentralinstitut für
    Kunstgeschichte – Photothek
    für die Bundesrepublik Deut-
    schland
    Figg. 49, 51

© Markus Hilbich
    Fig. 20

© Johannes Kramer
    Figg. 18, 31, 32, 52, 56, 57

© BLDAM, Bildarchiv,
    Neg.-Nr. 20c8/1473.6
    retro della copertina

© Christian Richters
    Figg. 1, 16, 22, 26, 31, 39, 59

© Peter Thieme / BBR
    Fig. 35

© Stiftung Preußischer Kultur-
    besitz / ART+COM
    Fig. 19

© Stiftung Preußischer Kultur-
    besitz / David Chipperfield
    Architects, photographer:
    Ute Zscharnt
    Figg. 12, 37, fig. p. 4, copertina

© Stiftung Preußischer Kultur-
    besitz / Imaging Atelier
    Fig. 17

© The State Hermitage Museum
    Fig. 6

© Tomasz Tarczynski
    Fig. 33

IMPRESSUM

La casa editrice ringrazia per l'ottima collaborazione tutti coloro che hanno prestato fotografie, le fotografe, i fotografi e lo studio David Chipperfield Architects, in particolare Martin Reichert, Maria Zedler e Nina Helten.

Informazione bibliografica della Deutsche Nationalbibliothek

La Biblioteca Nazionale Tedesca registra questa pubblicazione nella Bibliografia Nazionale Tedesca; i dati bibliografici dettagliati possono essere letti in internet: http://dnb.d-nb.de.

Lettorato: Martin Steinbrück
Traduzione: Benedetta Heinemann Campana, Berlin
Composizione: Jens Möbius
Progetto e Layout: Barbara Criée, Berlin
Riproduzioni: bildpunkt, Berlin
Stampa e legatura: MEDIALIS Offsetdruck, Berlin

ISBN 978-3-422-06981-7

APPENDICE